Hans Wohlbold

Die Kraniologie, ihre Geschichte und ihre Bedeutung

für die Klassifikation der Menschheit

Hans Wohlbold

Die Kraniologie, ihre Geschichte und ihre Bedeutung
für die Klassifikation der Menschheit

ISBN/EAN: 9783743474512

Hergestellt in Europa, USA, Kanada, Australien, Japan

Cover: Foto ©ninafisch / pixelio.de

Manufactured and distributed by brebook publishing software (www.brebook.com)

Hans Wohlbold

Die Kraniologie, ihre Geschichte und ihre Bedeutung

Die Kraniologie
ihre Geschichte und ihre Bedeutung für die Classification der Menschheit.

Inaugural-Dissertation

zur

Erlangung der Doktorwürde

der

hohen philosophischen Fakultät

der

Friedrich-Alexanders-Universität Erlangen

vorgelegt

von

Hans Wohlbold

aus Nürnberg.

Tag der mündlichen Prüfung: 21. Juni 1898.

Die Kraniologie,

ihre Geschichte und ihre Bedeutung für die Classification der Menschheit.

Inaugural-Dissertation

zur

Erlangung der Doktorwürde

der

hohen philosophischen Fakultät

der

Friedrich-Alexanders-Universität Erlangen

vorgelegt

von

Hans Wohlbold

aus Nürnberg.

Tag der mündlichen Prüfung: 21. Juni 1898.

———

Nürnberg.
Buchdruckerei von Hans Zeder
1899.

I.

Allgemeines.

Ehe ich zu meiner eigentlichen Aufgabe, der Darstellung der historischen Entwicklung der Kraniologie und Kraniometrie, ihrer heutigen Stellung und
ihres Wertes für die Klassification der Menschheit, übergehe,
will ich zuerst einige Fragen, welche die Schädellehre im
Allgemeinen angehen, kurz beleuchten. Besonders in früherer
Zeit hat man alles ohne Ausnahme gemessen, jeden Schädel;
das kann, besonders bei der Aufstellung von sog. „Mittelzahlen,“ zu nicht unbedeutenden Fehlern führen.

Zweifellos muss unter dem Material eine gewisse
Auswahl getroffen werden. Zunächst sind alle pathologisch
veränderten Schädel ebenso wie die künstlich deformirten,
die sog. „skoliopädischen“ auszuschliessen.

Ich will die hier in Betracht kommenden Fälle der
Reihe nach anführen. Vor allem ist die Veränderung des
Schädels durch Rachitis wichtig, deren Einfluss auf den
Ossificationsprozess teils hemmend, teils beschleunigend,
jedenfalls aber stark verändernd einwirkt. Man hat behauptet, Rachitis könne bereits während des Fötallebens
auftreten. Ihre Wirkung in diesem Falle ist wenig untersucht. Besser vertraut sind wir mit der post-embryonal
eintretenden Rachitis. Sind die Fontanellen bei ihrem
Auftreten noch nicht verwachsen, die Schädelknochen also
noch in dem Uebergangszustand vom Knorpel zum Knochen,
so erweichen sie wieder, werden dünner, um teilweise sogar

als Mittelwert 440 ccm ergaben[1], während der Durchschnitts-
inhalt des Schädels beim normalen Menschen etwa 1500
ccm beträgt.

Eine grosse Anzahl von Schädeldeformationen entsteht
infolge praematurer Nahtsynostosen. Virchow[2]) stellte das
Gesetz auf: „Infolge Synostose einer Naht bleibt die Entwicklung des Schädels in senkrechter Richtung zur ver-
wachsenden Nath zurück." Das ist sehr leicht verständlich
und ich will die dadurch entstehenden Formen nur kurz
anführen[3]).

Arcocephalie, Oxycephalie, Hypsocephalie, Pyrgocel-
   phalie : hoher Schädel.

Platycephalie, Tapinocephalie : Die Schädelwölbung ist
   plattgedrückt.

Euricephalie : breiter Schädel.

Stenocephalie : schmaler Schädel.

Trochocephalie: sehr runder Schädel.

Trigonocephalie : dreieckiger Schädel mit der Spitze
   nach vorn ; vermutlich eine Folge der Synostose der
   Medio-Frontal Naht.

Megalocephalie : Schädel von übermässiger Geräumig-
   keit.

Kephalon : grosser, plumper Schädel (Virchow).

Leptocephalie, Microcephalie: kleiner Schädel.

Macrocephalie: länglicher Schädel.

Plagiocephalie : schräg ovale Deformation (Virchow),
   breiter Schädel mit platter Stirn (Linné Busk).

Cylindrocephalie: cylindrisch länglicher Schädel.

Klinocephalie : an der Wölbung sattelförmiger Schädel.

Cymbocephalie, Kumbecephalie: wie der vorige aber
   in übertriebenem Maasse.

---

[1]) L. Montanet, Etude anatomique du crâne chez les Micro-
céphales. Paris 1874.
[2]) R. Virchow, gesammelte Abhandlungen. Frankfurt 1856.
[3]) P. Topinard, Antropologie. übers. v. R. Neuhauss
Leipzig 1888.

Scaphocephalie, Sphenocephalie; kahnförmiger Schädel-
Pachycephalie; Schädel mit dicken, hypertrophierten
Wänden.

Im Anschluss an die pathologischen Veränderungen
des Schädels sei eine weitere Art von Deformation be-
sprochen, die bis jetzt überhaupt nicht berücksichtigt wurde,
wenigstens nicht beim Messen: diejenige, welche durch das
Alter hervorgerufen wird. Topinard[1]) erwähnt, dass
Schädel, die in feuchtem, thonhaltigem Boden oft viele
Jahrhunderte liegen, die Feuchtigkeit der Erde aufsaugen,
dadurch weich werden und dann durch den Druck der auf
ihnen ruhenden Erdschicht aus ihrer Form gepresst werden.
Solche Schädel sind dann oft völlig unsymmetrisch, oder teilweise plattgedrückt. Meines Wissens noch nirgends ausser
nebenbei von Topinard[2]) erwähnt wurde das Gegenteil
dieses Falles: Je länger ein Schädel an einem trockenem
Orte liegt, sei es im Wüstensand oder in dem Schrank
eines Museums, desto mehr wird er an seinem Wasser-
gehalt verlieren, er wird einschrumpfen. Die Veränderungen, die dadurch hervorgerufen werden, sind nicht
unbeträchtlich, aber es ist ganz unmöglich, sie zu kontrollieren
und wir werden daher hier stets eine Fehlerquelle haben,
die niemals auszurotten ist.

Allgemein werden die künstlich deformirten Schädel
von Maassreihen ausgeschlossen, sofern man ihnen die
Deformation ansieht.

Die Sitte, den Schädel neugeborener Kinder in eine
bestimmte Form zu pressen, ist uralt. Hippocrates[3])
und Herodot erwähnen sie bei einem Volke östlich der
mäotischen Sümpfe, den langköpfigen Kolchiern. Hippocrates
glaubt, ihre ehemalige Sitte, die Köpfe neugeborener Kinder
zu pressen, habe endlich bewirkt, dass ihre Nachkommen

---

[1]) P. Topinard, Fouilles d'un cimetière burgonde du cinquième
siècle in Bull. Soc. d'Emulation de l'Ain Bourg. 1874.

[2]) P. Topinard, un mot sur la conversion de l'indice cephalomé-
trique au indice craniométrique. R. d'Anthr. Sér III. F. III. p. 641 ff.

[3]) Hippocrates, de aere et locis lib 8.

mit derartigen Schädeln geboren wurden. Auch Stabo,
Aristoteles und Plinius sprechen von Schädeldeformationen.
Heute kennen wir sie bei vielen Völkern, vor allem im
westlichen Amerika. Oft findet man ganz verschiedene
Arten, den Schädel der Kinder zu deformiren, direkt neben
einander. Gosse[1]) erwähnt 16 Arten, darunter 10 in
Amerika. Ich kann mich leider an dieser Stelle nicht
weiter auf diese hochinteressanten Fragen einlassen. Die Annahme, dass die Deformation ungünstig auf die Entwicklung des Gehirnes einwirke, gilt wohl heute allgemein als
widerlegt.

Die hier erwähnten künstlichen Deformationsarten
führen eine derartige Veränderung des Schädels herbei,
dass zweifellos jeder, auch der Laie, solche Cranien für
unnatürlich erklären wird. Man schliesst sie selbstverständlich bei Messungen aus. Aber wenn wir näher
zusehen, so werden wir finden, dass es auch geringere
Pressungen des Schädels gibt, die ihn wohl verändern,
aber nicht so stark, dass wir ihn für künstlich deformirt
erklären könnten. Oft sind in dieser Beziehung Meinungs-
verschiedenheiten vorhanden, indem der Eine eine Schädelform für natürlich und ursprünglich, der andere sie für
künstlich erklärt. Ich will nur ein Beispiel erwähnen.
Die heutigen Armenier sind rehr stark brachycephal.

Virchow ist der Ansicht, die Brachycephalie
werde künstlich hervorgerufen durch das fortwährende
Aufliegen des kindlichen Kopfes auf einer harten Unterlage in der Wiege. v. Luschan dagegen behauptet,
die Brachycephalie sei angeboren und die Schädelform der Armenier bildet ihm einen Hauptstützpunkt
seiner Hetäer-Theorie. Ich will es dahingestellt sein
lassen, wer recht hat. Aber kann man nicht in vielen
andern Fällen ähnliche Fragen aufwerfen? Abgesehen von
der Rückenlage des Kopfes könnte man z. B. noch er-

[1]) Gosse, Essai sur les déformations artificielles du crâne
Paris 1855.

wahren, dass zweifellos der Kopf eines Kindes, das stets
auf demselben Arm getragen wird, an einer Seite abgeplattet
werden muss. Topinard[1] ist sogar der Ansicht, schwere
Haartrachten könnten deformirend wirken, was allerdings
kaum wahrscheinlich ist, da doch der Schädel bereits sehr
massiv ist, bis eine grosse und künstlich beschwerte Haar-
masse auf ihm lastet. Eher möglich ist der Einfluss ge-
wisser Kopfbedeckungen auf die Schädelform, z. B. des
Fes. Dieser liegt ganz knapp an und wird oft schon kleinen
Kindern auf den Kopf gepresst, was wohl eine Verschiebung der Lambda-Gegend in die Höhe zur Folge haben
kann. Bei der Betrachtung der Köpfe einer ziemlichen
Anzahl von Tunisiern drängte sich mir diese Ansicht auf
und ich glaube dieselbe dahier erwähnen zu dürfen. Von
grosser Wichtigkeit erscheint mir auch in dieser Beziehung die Sitte vieler Völker, besonders der Afrikaner,
Lasten auf dem Kopf zu tragen und zwar schon in der
Jugend. Dadurch wird der Schädel jedenfalls abgeplattet,
während durch den anderwärts herrschenden Brauch, Lasten
mit Hilfe eines um die Stirn gelegten Tragbandes, auf dem
Rücken hängend, zu tragen, die Stirne zurückgedrängt
wird. Es erscheint nach alledem zweifellos, dass es eine
Menge pathologischer und anderer Einwirkung gibt, die
den Schädel verändern können, so zwar, dass dies dem
Auge nicht auffällt, wohl aber nicht unwesentliche Fehler
in den Maassen ergibt.

Wir messen nach Millimetern und ein Fehler von 2
bis 3 mm ist zu gross, als dass ihn der Messende verant-
worten könnte. Wozu nützt aber diese Präcision, wenn
das Material selbst unzuverlässig ist?

Auch von dem Einflusse des Alters auf den Schädel
ist zu sprechen, von dem Einfluss der Körpergrösse, den
man doch nie ausser Acht lassen sollte, aber gewöhnlich

[1] Topinard, Anthropologie s o.

ausser Acht lässt. Ammon[1]) stellte seinerzeit fest, dass
mit der Körperhöhe der Kopf schmäler und länger wird,
die kleinen Leute also eher brachycephal, grössere meist
dolichocephal sind. Diese Thatsache war allerdings schon
früher bekannt, wurde hier jedoch erst eigentlich bewiesen,
da sie sich bei 5302 Beobachtungen mit grösster Regelmässig-
keit feststellen liess. Wenn nun sogar Indices von solchen,
durchaus persönlichen und nicht ethnischen (es handelt sich
bei Ammons Beobachtungen durchgängig um Badenser)
Differenzen beeinflusst werden, wie viel mehr muss das der
Fall sein bei absoluten Maassen!

Die zweite Frage, die an dieser Stelle zu erledigen
ist, betrifft den Unterschied zwischen dem männlichen und
weiblichen Schädel. Ich will mich so kurz als möglich
fassen, werde aber doch, da meine Arbeit auch den
historischen Teil der Fragen in Betracht zu ziehen hat,
nicht umhin können, länger bei diesem Thema zu verweilen. Die älteste Bemerkung über Verschiedenheit des
männlichen und weiblichen Kopfes findet sich in einem
über 300 Jahre altem Buche von Bodin[2]). Er sagt: „Dann
man sieht auch, das der Weiber Visceralisch Theil, oder
innerliche Glieder und Eingeweid in den Weibern grösser
seind, dann bey den Männern, welche desshalben so heff-
tiger begierden haben. Hingegen aber seind der Manns-
bilder Häupter viel grösser, und darumb haben sie auch
mehr Hirns, Verstands und Weissheit dann die Weibs-
bilder.“ Diese Stelle zeigt, dass der Autor schon sehr
gut die schwächlichere Entwicklung des weiblichen Schädels
kannte, auf welche sich alle uns heute bekannten Unterschiede zurückführen lassen.

---

[1]) O. Ammon, Anthropologische Kommission des Karlsruher
Altertums-Vereins. Korrespondenzblatt der deutschen Gesellschaft
für Anthropologie, Ethnologie und Urgeschichte. XIX. Jahrgang
1888 Nr. 8. p. 58.
[2]) Bodin, De Magorum Daemonomania etc. Strassburg bei
Bernhart Jobin 1591. Uebersetzt von Joh. Fischart.

Sömmering[1] fand den weiblichen Schädel kleiner und zarter als den männlichen.

Bichet[2] sagt: Je n'ai jamais vu, que les femmes ussent remarquables par la forme de leur crâne allongé transversalement, longitudinalement ou verticalement.

Ollivier[3] äussert bereits Ansichten, die wir heute noch als richtig erklären dürfen.

Er sagt: „La tête est, comparée aux autres parties, plus considérable chez la femme que chez l'homme; chez elle aussi, le crâne est plus grand rélativement à la face et sa partie antérieure est plus rétrécié par rapport à la partie postérieure. Barnard Davis und Thurnam[4] waren die Ersten, welche die Notwendigkeit erkannten, in kraniometrischen Tabellen die männlichen und weiblichen Schädel getrennt zu betrachten.

Genauere Angaben über die Geschlechtsunterschiede des Schädels brachte zunächst A. Ecker[5]. Er stellte die folgenden charakteristischen Eigentümlichkeiten des weiblichen Schädels fest:

Wie der weibliche Organismus im Allgemeinen zarter angelegt ist, so ist es auch das Skelett. Der Schädel ist relativ und auch absolut kleiner, die Muskelleisten (Warzenfortsätze, Nackenlinien, Schläfenlinien, Unterkieferleisten etc.) sind schwächer entwickelt, ebenso die durch die Stirnhöhle gebildeten Arcus superciliares, was jedenfalls auf schwächere Entwicklung des Atemapparates zurückzuführen ist.

Der Schädel des Weibes steht der kindlichen Form näher, daher ist der Gehirnteil im Verhältnis zum Gesichts-

---

[1] Sömmering, de corporis humani fabrica. Frankfurt 1794

[2] Bichet, Anatomie descriptive, Paris 1801. T. I.

[3] Ollivier, Dictionnaire de médecine, Paris 1828, article „Tête" t. XX.

[4] Barnard Davis et Thurman, Crania Brittanica, 1856-65.

[5] A. Ecker, über die charakteristische Eigentümlichkeit in der Form des weiblichen Schädels und deren Bedeutung für die vergleichende Anthropologie. Archiv f. Anthr. I 1866.

teil stärker entwickelt, die Tubera frontalia et parietalia deutlicher als beim Mann. Die Schädeldecke überwiegt die Schädelbasis, der Hirnschädel ist niedriger und besonders in der Scheitelgegend flacher beim Weibe als beim Manne. Damit hängt die steilere Stellung der Stirne beim Weib, der schroffere Uebergang der Stirn in die Scheitelpartie, zusammen. Was das Grössenverhältniss anbetrifft, so ist nach Ecker der Umfang des weiblichen Schädels, wenn man den des männlichen = 100 setzt 96,6. Das Verhältniss der Capazität ist: m:w = 100: 89,7.

Welcker[1]) findet ähnliche Zahlen:

Horizontalumfang m:w   100:97.

Capazität m:w   100:90.

Das Verhältniss ist bei verschiedenen Rassen ein Verschiedenes. Die Capazität des w. Schädels bleibt hinter der des m. zurück bei:

Australiern	„ 37	ccm.
Chinesen	„ 50	„
Negerin (Dahomey)	„ 73	„
Negern (allgemein) um	90	„
Sokotranern	„ 114	„
Hindur (von Bellari)	„ 122	„
Eskimos	„ 149	„
Deutsche (Hallenser)	„ 160	„
Javanen	„ 164	„
Siamesen	„ 193	„
Engländer	„ 204	„

Diese Tabelle ist sehr eigenartig. Im Allgemeinen ersehen wir daraus, dass der Unterschied der Geschlechter in Bezug auf die Schädelkapazität proportional ist der Höhe der Kultur. Merkwürdig ist nur, das die Chinesen unter den Negern rangiren. Vielleicht ist das auf die „Mittelzahlen,“ über welche ich später noch einige Worte zu reden

----
1) a) Welcker. Untersuchungen über den Bau und das Wachstum des menschlichen Schädels. Leizig 1862. I.
b) Welcker, Craniologische Mitteilungen, IV. Arch. f. Anthr. I. p. 120. ff 1866.

haben werde, zurückzuführen, wenn nicht etwa, was ich
nicht weiss, ungleich viele Schädel der Geschlechter gemessen wurden.

Nach Welcker zeigt der weibliche Schädel starke
Neigung zur Prognathie, eine Beobachtung, die zweifellos
richtig ist. Jeder, der in dieser Beziehung etwas offen
sieht, kann das konstatiren. Sehr oft trifft man bei uns prognathe Frauen, besonders scheinen solche von kleiner Statur
zur Prognathie disponirt zu sein. Diese ist allerdings nur sehr
gering, sie entspricht dem Grad 1 v. Luschan's. Nach
meinen eigenen Beobachtungen in Berlin glaube ich nicht
zu viel zu sagen, wenn ich behaupte, dass etwa 2⁰⁄₀ der
Berliner Frauen prognath sind. Diese Prognathie ist
fast stets interalveolär.

Mit der Prognathie des w. Schädels vereinigt findet
Welcker eine gestrecktere Schädelbasis (grösserer Winkel
der Sella turcica). Geht man seinen Beobachtungen nach,
so findet man, dass bei ihm nicht mehr, wie bei Camper's
Gesichtswinkel, die Schädel in der Reihenfolge: Kind,
Weib, Mann aufeinanderfolgen, sondern vielmehr: Mann,
Weib, Kind. Damit steht im Widerspruch, wie Welcker
selbst zugibt, das Ueberwiegen der Calvaria des weiblichen
Schädels über die Basis (Die relative und auch absolute
Kürze des Tribasilarbeines) während dagegen der mehr
gestreckte Bau des os tribalilare damit im Einklang steht.

Im Weiteren sind Weissbach's[1] Untersuchungen über
das gleiche Thema anzuführen.

Seine zunächst in Betracht kommenden Untersuchungen
erstrecken sich auf den deutschen Weiberschädel. Er
gibt folgende Punkte an:

1. Der ganze Schädel ist absolut kleiner und leichter,
   mehr breit als hoch entwickelt, die Basis ist relativ schmäler, in der sagittalen Richtung ist im
   ganzen eine flachere, in der Querrichtung eine

---

[1] Weissbach, Der deutsche Weiberschädel, Archiv f. Anthropologie. III. p. 59. ff.

stärkere Wölbung als beim männlichen Schädel zu
beobachten.

2. Das Vorderhaupt ist kleiner, wohl eben so lang
wie beim Manne, dagegen niedriger und schmäler:
in sagittaler Richtung viel stärker, in querer oder
horizontaler Richtung etwas flacher gekrümmt: die
tubera frontalia liegen rücksichtlich der Länge des
Schädels etwas weiter auseinander, hinsichtlich
seiner grösseren Breite aber näher beisammen, im
Verhältniss zu welcher überhaupt alle Breiten-
maasse des Vorderhauptes viel kleiner sind als
beim Manne.

3. Das durch seine überwiegende Breitenentwicklung
die grössere Breite des Schädels bestimmende
Mittelhaupt dürfte, trotzdem es kürzer und niedriger als das m. ist, dieses an Grösse übertreffen;
ausserdem hat es eine flachere Sagittalwölbung,
breitere, und in querer Richtung stärker gewölbte
Scheitelbeine, deren Tubera weiter auseinander
aber tiefer unten liegen und einen Scheitel (Raum
zwischen Tubera frontalia et parietalia), welcher
kürzer und breiter, nach vorn hin mehr verschmälert, und in jeder Richtung flacher, nur
zwischen den Scheitelhöckern etwas stärker gewölbt ist. Die Gegend der Squama temporalis ist
niedriger, aber in horizontaler Richtung stärker
gewölbt als beim Manne.

4. Das Occiput des w. Schädels steht ganz im Gegensatz zum Vorder- und Mittelhaupt, indem es sich
durch grössere Höhen- und Längenentwicklung bei
gleicher Breite von dem männlichen unterscheidet,
daher relativ grösser ist als dieses: nur relativ zur
Schädelbreite ist es, ähnlich dem Vorderhaupte,
schmäler. Das Receptaculum (der Zwischen-
scheitelteil) ist viel länger als beim Manne. Seine
Wölbungen, die sich in ihrem Verhalten mehr dem
Mittel- als dem Vorderhaupt anschliessen, diffe-

rieren von jenen des Mannes dadurch, dass die sagittale flacher, die schräge und quere aber stärker sind.

5. Die Schädelbasis des Weibes ist schmäler und kürzer, der pars basilare ist länger. Ein kleineres aber etwas schmäleres Hinterhauptsloch, näher aneinander gerückte For. stylomastoidea, aber weiter voneinander abstehende For. ovalia sind ebenfalls dem w. Schädel eigentümlich.

6. Das w. Gesicht ist im Verhältnis zum Hirnschädel in allen Dimensionen kleiner als das männliche, mehr ortognath, niedriger und, entgegen dem breiteren Hirnschädel, schmäler, nur oben breiter, unten aber enger: die Nasenwurzel ist breiter, die Augen stehen weiter auseinander, die Orbitae sind höher; der Oberkiefer ist breiter mit kleineren, niedrigeren Choanen, der Gaumen kürzer aber breiter.

Der Unterkiefer ist ebenfalls kleiner, flacher gekrümmt und hat ein breiteres Kinn und kleine, niedrige und schmälere Aeste, die aber unter einem grösseren Winkel auseinanderstehen.

Zum Schlusse bemerkt W e i s s b a c h noch, dass die einzelnen Maasse des weiblichen Schädels viel weniger individuellen Veränderungen als beim männlichen unterliegen.

Derselbe Autor betrachtet an einer anderen Stelle[1]) die sexuellen Unterschiede des Schädels bei verschiedenen Völkern und findet dabei Folgendes:

Bei den Chinesen ist der weibliche Kopf verhältnissmässig höher und breiter, das Gesicht weniger zur Prognathie geneigt, im oberen Teil sammt der Stirne höher, zwischen den Jochbeinen schmäler, oberhalb derselben

---

[1]) W e i s s b a c h, Anthrop. Teil der wissensch. Ergebnisse der Reise der Fregatte Novara.

weniger, unterhalb mehr verschmälert. Die Nase ist höher und schmäler.

Javanen. Das Weib hat einen relativ grösseren, höheren und kürzeren Kopf. Das Gesicht ist im Allgemeinen breiter, im Verhältnis zur Höhe aber schmäler, von den Jochbeinen nach aufwärts breiter, an den Unterkiefern aber relativ schmäler, dabei wahrscheinlich mehr prognath mit breiter Nase.

Sudanesen. Der w Kopf ist relativ grösser, breiter, kürzer, das Gesicht höher, nach auf- und abwärts von den Jochbeinen breiter und weniger prognath, die Stirn ist höher, die Nase niedriger und breiter.

Australier. Bezüglich des Kopfes haben wir bei den Weibern bedeutendere Grösse, Höhe und Breite, also einen geringeren Grad von Delichocephalie, geringere Höhe und Breite des mehr prognathen Gesichtes zwischen den Wangenbeinen, welches aber nach auf- und abwärts von denselben weniger als beim Manne verschmälert ist. Die Stirn ist niedriger, die Nase höher und schmäler.

Im Jahre 1873 publizirte der Franzose Dureau[1]) eine grosse Untersuchung über die Geschlechtsunterschiede. Er stellte alles bis dahin Bekannte zusammen.

Er wirft zunächst die Frage auf, ob die w oder die m Schädel schärfer fixirte Charaktere besässen.

Dass man in kraniometrischen Tabellen w und m Schädel getrennt voneinander aufführen müsse, hatten zuerst B. Davis und Thurnam[2]) eingesehen und Vogt[3]) wiess darauf hin, dass oft zwischen den w und m Schädeln einer und derselben Rasse grössere Unterschiede bestehen, als zwischen den gleichen Geschlechtern verschiedener Rasse.

---

[1]) A. Dureau, Des caractères sexuels du crâne humain. Revue d'Anthrop. 1873

[2]) Barnard Davis et Thurnam, Crania Brittanica, London 1856—65.

[3]) Vogt, Vorlesungen über den Menschen. Giessen 1863.

Getrennt müssen die Schädel also werden, aber welches Geschlecht soll maassgebend sein?

Van der Hoeven[1]) glaubte als einer der Ersten, w Schädel seien vorzuziehen, Weissbach[2]) war entgegengesetzter Ansicht. Heutigen Tages misst man stets beide Geschlechter getrennt, betrachtet aber allein den männlichen Schädel als massgebend.

Wie sich m und w Schädel zu einander verhalten, mögen einige Tabellen zeigen. Zunächst eine Tabelle von Broca,[3]) die allein den Schädelindex behandelt:

Noms des séries	Hommes		Femmes	
	nombre	Indice céphale	nombre	Indice céphale
Normands du 17. siècle (ossuaire de St. Arnold, Calvados)	31.	79.82.	22.	77.41
Parisiens du 19. siècle (cimetière de l'Ouest)	76.	79.49.	41.	77.72
Basques français (St. Jean de Luz)	26.	80.85.	21.	79.24
Bas Bretons (Côtes du Nord)	32.	81.71.	26.	80.68
Auvergnates (ossuaire de St. Nectaire)	43.	84.45.	38.	83.59
Nés Calédoniens	23.	71.61.	24.	72.03
Basques Espagnols (de Zarans)	28.	77.38.	21.	77.96
Nègres occidentaux	56.	72.87.	22.	71.16
Guanches	14.	74.69.	6.	76.99
Caverne de l'Homme-Mort	7.	71.45.	6.	75.13
Corses d'Arepessa (17. siècle)	28.	73.53.	15.	78.26

Ich habe diese Tabelle gewählt, weil sie sehr schön zeigt, wie verschieden das Verhältniss von w und m Schädeln zueinander selbst bei nahestehenden Völkern oft ist.

___

[1]) Van der Hoeven, Catalogus craniorum diversarum gentium 1860.

[2]) Weissbach, der deutsche Weiberschädel, Arch. f. Anthrop. III. 1868.

[3]) Broca, Sur les crânes de la caverne de l'Homme Mort (Lozère) Revue d'Anthrop. Paris I. II. p. 28—35.

Thurnam[1]) erhielt bei der Untersuchung von 61 Schädeln von alten Galliern folgende Resultate:

			Dolichoc.		Orthoc.		Brachyc.	
m	w	Index	m	w	m	w	m	w
5	3	96 71			5	13		
0	10	72 73						
9	3	74 76					9	3
5	5	77 79						
17	4	80 86					22 9	

Es sind also hier von 36 m Schädeln 5 dolichoc.

     „ 25 w „ 13 „

     „ 36 m 22 brachyc.

     „ 25 w „ 9 „

oder von m Schädeln 14% o, bei w 52% dolichocephal.

ferner von m Schädeln 61% brachyc.

     „ w „ 28% „

Aus allen diesen Angaben erkennt man leicht den grossen Unterschied des w und m Geschlechtes in Bezug auf den Schädelindex.

Was die Prognathie betrifft, so hat Topinard[2]) eine Reihe von Untersuchungen angestellt.

Derselbe stellte 3 Prognathie-Indices auf, nämlich:

1. L'indice alvéolo sous-nasal, ou le rapport de la projection horizontale maxima de la région sous-nasal à sa hauteur maxima, déterminant l'inclinaison de la ligne oblique menée du point sous-nasal au milieu du bord alvéolaire.

2. L'indice maxillaire, ou le rapport de la projektion horizontal maxima du maxillaire supérieure à sa hauteur maxima, c'est à dire l'inclinaison de la ligne oblique menée de la suture naso-frontale au racine du nez au bord alvéolaire.

---

[1]) Thurnam, On the two principal forms of ancient British and Gaulish skulls part II. Memoirs read before the Anthr. Soc. of London 1863.64. Voll. I. p. 459—519. London 1867.

[2]) P. Topinard, Les diverses mesures du prognathisme. Revue d'Anthr. T. 1. p. 628. T. II. p. 71 und 251.

2*

5. L'indice facial supérieur, ou le rapport de la projection horizontale maxima de la face à sa hauteur maxima, c'est à dire, l'inclinaison de la ligne oblique étendu du point sous-orbitaire au sommet des alvéoles, ou bien encore la ligne faciale de Camper prolongée jusqu'aux alvéoles.

In der folgenden Tabelle misst Topinard eine Reihe von Schädeln auf die 3 Arten.

Die Zahl der gemessenen Schädel ist nicht für jeden Index dieselbe, die beiden Zahlen deuten also Minima und Maxima an.

Zahl der Schädel	Herkunft	Geschlecht	Index I	Index II	Index III
139—185	Pariser, 12.—19. Jahrh.	m	20 22	21.14	19.80
135—150	„	w	21.30+	20.14—	18.68—
54 67	Bretonier	m	24.69	22.47	21.35
58	„	w	25 28+	21.37—	19.62—
39	Auvergnaten	m	21.64	21.79	21.63
37	„	w	21 02+	25.53+	19.69—
29 36	Basken	m	16.15	20.18	20.18
21—24	„	w	18.52+	20.55?	19.09—
7—14	Corsen	m	12.88	18.15	16 46
7	„	w	19.51+	16.59—	16.97?
10—14	alte Aegpter	m	24.91	23 42	22.63
10—12	„ „	w	28 46+	20 75—	18 42—
12—16	Javanen	m	34.44	28 29	25.14
6 7	„	w	45.02+	30.31+	23.21—
11 20	Neu-Kaledonier	m	36.29	33.43	27 29
11 13	„ „	w	36.24?	28.00—	23.36—
30—61	afrik. Neger	m	45.94	29.49	21.09
21 23	„ „	w	40.70—	31.20+	24.45?
8—11	Nubier	m	45.50	30.04	22.65
5 6	„	w	43.90—	25.14—	19.37—
1	Buschleute	m	63.88	41.56	33.02
2	„	w	50.00—	30 42—	26.38—

+ hinter der Zahl bedeutet: Der w Schädel ist mehr progn
—   „   „   „   „   „   „   „   „ weniger „
?   „   „   „   „   Die Prognathie scheint bei beiden Geschlechtern dieselbe zu sein.

Aus dieser Tabelle geht hervor, dass nach dem Index I das Weib bei den hellen Rassen prognather ist als bei den dunklen, im Vergleich zum Manne.

Nach dem Index II können wir in dieser Hinsicht keinen bestimmten Schluss ziehen, nach Index III jedoch ist der w Schädel sehr allgemein weniger prognath, bei hellen sowohl als bei dunklen Rassen. Allein die afrikanischen Neger machen hierin eine Ausnahme, bei ihnen ist der sexuelle Unterschied am Schädel in Bezug auf diese Art der Prognathie scheinbar überhaupt nicht vorhanden.

Was die Höhe des Schädels anbetrifft, so ist dieselbe beim Weibe gewöhnlich niedriger als beim Manne, wie folgende Tabelle zeigen möge:

Beobachter	Name der Serie	m Zahl	m Höhenindex	w Zahl	w Höhenindex
Ecker[1]			83 9		79.4
Welcker[2]			73.9		70.1
Mantegazza[3]	Verschiedene Rassen, meist Italiener	99.	73 35	56.	72 31
	Australier		72 8		70.5
	Neger		76.4		61.1
	Italiener		71.65		71.3
Broca[4]	Bas Bretons	32.	71.6	26.	70.8
	Pariser (19. Jahr.)	76.	72 2	41.	71.7
	Neger	56.	73 1	22.	73.5
	Auvergnaten	13	75 6	38.	73.8
	Neu-Caledonier	23	73.7	24.	74 6
	Korsen	15.	71 55	8.	72.64
	Caverne de l'Homme-Mort	7.	68 89	6.	73.02

Nun käme noch, als ebenfalls sehr wichtig, die Capazität in Betracht. Es zeigt sich, dass dieselbe durchgehends beim m Schädel bedeutender ist.

Es existiren darüber sehr viele Beobachtungsreihen. Havelock Ellis[5] hat die verschiedenen Mittelwerthe zu-

[1] Ecker, charakterist. Form des w Schädels. Arch. f. Anthr. I.

[2] Welcker, Bau und Wachstum des menschl. Schädels. Leipzig 1862.

[3] Mantegazza. Dei caratteri sessuali del cranio umano. Arch. per l'Anthrop. V. 2. 1875

[4] Broca, Crânes basques de Saint-Jean de Luz. Bull. Soc. d'Anthrop de Paris 1868. III. 1. p. 17 etc.

[5] Havelock Ellis. Man and Woman, a study of human secondary sexuel charakters. London 1894

sammengestellt in einer Tabelle, die unten folgt. Seine Zahlen geben die Schädelkapazität beim Weibe in ⁰/₀₀ der Schädelkapazität des Mannes. Nach ihm haben wir folgende Unterschiede:

Neger (Davis) 984

Buschmann (Flower) 951

Hottentotten u. Buschmänner

(Broca) 951

Hindu (Davis) 944

Neger (Tiedemann) 932

Eskimo (Broca) 931

Australier (Broca) 926

Malayen (Tiedemann) 923

Niederländer (Tiedemann) 919

Iren (Davis) 912

Andamanen (Flower) 911

Neukaledonier (Broca) 911

Niederländer (Broca) 909

Tasmanier (Broca) 907

Kanaken (Davis) 906

Weddah (Davis, Flower,

Virchow, Thomson) 903

Marqueses Insulaner (Davis) 902

Deutsche (Welcker) 897

Auvergnaten (Broca) 897

Deutsche Stadtbevölkerung

(Ranke) 893

Australier (Flower) 889

Deutsche Landbevölkerung 888

Russen (Popoff) 884

Deutsche (Davis) 883

Deutsche (Weissbach) 878

Alte Briten (Davis) 877

Javanesen (Tiedemann) 874

Chinesen (Davis) 870

Deutsche (Tiedemann) 864

Angelsachsen (Davis) 862

Pariser 12. Jahrh. (Broca) 862
Engländer (Davis) 860
Pariser 19. Jahrh. (Broca) 858
Javanesen (Broca) 855
Eskimos (Flower) 855
Deutsche (Huschke) 838

Aus dieses Tabelle ersehen wir, dass der Unterschied der Schädelkapazität direkt proportional ist — im Grossen und Ganzen — der Höhe der Kultur. Auf einer je höheren Kulturstufe ein Volk steht, desto grösser ist der Unterschied zwischen männlicher und weiblicher Schädelkapazität.

Ganz natürlich ist es, dass der m Schädel im Allgemeinen stärker entwickelte Muskelansätze hat als der weibliche.

Mantegazza[1]) gibt bestimmte Zahlen über diesen Punkt an. Nach ihm hatten von 56 w Schädeln 5 gut entwickelte Muskelansätze, 15 schwach entwickelte und 37 keine oder fast keine. Von 99 m Schädeln hatten 51 sehr starke Ansätze, 39 mittelmässige, 9 wenig entwickelte.

Zum Schlusse sei noch das Gewicht erwähnt, das nach allen Beobachtern beim w Schädel geringer ist als beim m.

Dureau[2]) sagt darüber: „Tous les observateurs sont d'avis pour reconnaitre que le crâne masculin pèse d'avantage que le crâne féminin."

Morselli[3]) „Il cranio della donna pesa meno diquello dell' uomo."

Paul Bartels[4]) stellte eine Tabelle über die Unterschiede des Schädelgewichtes der beiden Geschlechter zu-

---

[1]) Mantegazza, Dei caratteri sessuali del cranio umano. Arch. par l'antr. II. 1872.

[2]) Dureau, des caractères sexuels du crâne humain. Revue d'Anthr. T. II. 1873.

[3]) Morselli, sul peso del Cranio e della Mandibola in rapporto col sesso. Arch. p. L'Anthr. V. 1875.

[4]) Paul Bartels, Ueber Geschlechtsunterschiede am Schädel Inauguraldissertation. Berlin 1897.

sammen, die ich, formell gering verändert, hier wiedergebe:

Zahl			Gewicht		
m	w	Volk	m	w	Differenz
39	35	Deutsche	755.	595.1	159.9
25	13	Aino	740.	606.	134.
3	4	Polen	710.	669.2	70.8
19	9	Wedda	574.	521.0	53.0
15	5	Malayen	735.8	688.2	47.6

Diese kleine Tabelle bestätigt das oben Gesagte.

Diese wenigen Spezialangaben mögen genügen. Nun ist zu fragen: Wie lässt sich ein weiblicher Schädel als solcher diagnosticiren.

Das Erste, was wir hier in Betracht ziehen, ist das Gewicht und der Geübte wird, wenn er einen w Schädel in die Hand nimmt, denselben bereits durch seine Leichtigkeit als solchen erkennen. Die Glätte des Hinterhauptes, das Fehlen starker Muskelansätze, die Kleinheit der Tubera frontalia charakterisiren ebenfalls den w Schädel. Ausserdem ist er meist kleiner, das for. occ. magn. hat einen geringeren Umfang, der Uebergang der Stirne in das Schädeldach ist mehr geknickt, während er beim Manne sanfter verläuft, womit eine flachere Ausbildung der weiblichen Schädeldecke verbunden ist.

Das sind, ganz kurz gesagt, die hauptsächlichsten Geschlechtsunterschiede am Schädel. Handelt es sich thatsächlich darum, das Geschlecht irgend eines Schädels festzustellen, so wird der geübte Beobachter zunächst nach dem „allgemeinen Eindruck", den das Objekt auf ihn macht, gehen und in zweifelhaften Fällen nach besonderen Merkmalen suchen.

Zieht man Alles in Betracht, so kann man wohl von 80 unter 100 Schädeln das Geschlecht sicher bestimmen. Bei den übrigen 20 Exemplaren wird die Frage offen bleiben müssen.

Das gilt aber alles nur, so lange man es mit modernen, europäischen Schädeln zu thun hat. Sobald man aussereuropäische oder prähistorische europäische

Schädel in Betracht zieht, ist es ganz unmöglich, das
Geschlecht auch nur mit einiger Sicherheit festzustellen.
Es sei hier nur z. B. an die westafrikanischen Schädel erinnert. Sie machen fasst alle den Eindruck von Weiber-
schädeln, gerade so wie ja überhaupt viele Neger nach
ihrer Gesichtsbildung einen weiblichen Eindruck machen.

Wir können also, wie ich nochmals hervorheben will,
nur moderne europäische Schädel dem Geschlechte nach
bestimmen.

Wohin diese zweifelhaften sexuellen Unterschiede
führen, wird ohne weiteres klar, wenn ich nur darauf hin-
weise, dass seinerzeit His und Rütimeyer den sog. Belair-
Typus aufstellten, der, wie Ecker[1]) nachweisst, einfach
durch weibliche Schädel repräsentirt wird.

Das ist ein Fall, über den wir heute aufgeklärt sind,
aber wie viele Fälle gibt es, über die wir nicht aufgeklärt
wurden. Manche Völker, z. B. die Guanchen, begruben
die beiden Geschlechter getrennt. Findet man heutzutage
in nicht zu grosser Entfernung zwei Gräberfelder mit ganz
verschiedenem Typus, so wird man annehmen, die Gegend
sei einst von zwei verschiedenen Völkerrassen bewohnt
worden, während es sich in Wahrheit nur um die beiden
Geschlechter eines und desselben Stammes handelt.

Wir haben also hier eine neue, grosse Fehlerquelle
der Anthropologie, die nie getilgt werden kann.

Das Alter, das Geschlecht, pathologische und   –
wenn man so sagen will — künstliche Einflüsse wirken
beständig auf den Schädel ein und erzeugen eine unendliche Zahl von Variationen, die uns oft auf die grössten
Irrwege führen können. Und doch rechtet man am Millimeter? Aber man muss das thun, denn eben Millimeter
sind es oft, die zur Aufstellung der gewagtesten Hypothesen führten. Zum Schlusse dieses Abschnittes seien
noch kurz ein paar Fragen aufgeworfen, die an anderer

[1]) Ecker, Ueber weibliche Schädel. Bericht über die VI.
allg. Vers. d. deutschen anthrop. Ges. in München 1875.

Stelle nicht wohl zu erledigen sind. Zunächst der Unterschied zwischen Kopf und Schädel.

Man stützte sich bei anthropologischen Untersuchungen ausser aus anderen Gründen auch deshalb auf den Schädel, weil er die meisste Aussicht auf einen Vergleich des lebenden und toten Materiales bot. Die Weichteile, welche den Schädel decken, sind verhältnissmässig dünn und Virchow z. B. glaubt, Maasse von Schädeln und lebenden Köpfen direkt miteinander vergleichen zu können. Er drückt bei der Abnahme der Maasse am Lebenden mit aller Kraft auf wobei man allerdings trotzdem wegen der Verschiebung der Weichteile die verschiedensten Resultate erhalten kann. v. Luschan nimmt die Maasse am Lebenden ganz leicht. ohne zu drücken und vergleicht sie dann nur unter sich ein Verfahren, das jedenfalls mehr zu empfehlen sein dürfte. Vom Kopfmaass direkt auf das Schädelmaass zu schliessen, dürfte gewagt sein. Die Kopfschwarte ist bei verschiedenen Individuen an den verschiedenen Stellen von sehr wechselnder Dicke.

Broca[1]) maass, um dies zu untersuchen, 19 Leichen und hierauf die Schädel derselben, wobei er folgende Unterschiede erhielt:

| Nr. | Tête | | | Crâne | | | Différences |
---	Diamètres antério- postérieurs	Diamètres transver- saux	Indices cépha- liques	D. a. p.	D. t.	J. c.	
1	186	135	72.58	182	131	71.97	+ 0.61
2	170	148	87.06	165	137	83.03	+ 4.03
3	191	146	76.44	182	139	76.37	+ 0.07
4	188	146	76.66	181	138	75.00	+ 2.66
5	181	143	79.00	175	135	77.14	+ 1.86
6	181	152	83.97	177	144	81.35	+ 2.62
7	192	152	77.37	187	146	78.07	+ 1.09
8	190	147	82.62	182	142	78.02	— 0.65
9	178	146	83.78	174	141	81.03	+ 0.99
10	185	155	76.00	178	147	82.58	+ 1.20

[1]) Broca, comparaisons des indices céphaliques sur le vivant et sur le squelette. Société d'Anthr. de Paris. Bull. Sér. 2. 3. 1868.

Nr.	Tête			Crâne			Différences
	Diamètres antério-postérieurs	Diamètres transversaux	Indices céphaliques	D. a. p.	D. t.	J. c.	
11	200	152	78.37	192	117	76.58	— 0.56
12	185	145	88.02	182	136	71.72	+ 8.65
13	167	117	77.66	161	136	82.93	+ 5.09
14	197	153	81.66	190	145	76.31	+ 1.31
15	180	147	81.27	169	136	80.71	+ 1.91
16	178	150	79.78	170	112	83.53	+ 0.71
17	178	150	79.7	184	110	76.08	+ 3.70
18	177	146	82.48	172	142	82.56	— 0.08
19	190	145	76.30	181	135	73.57	+ 2.74

Broca sagt dann:

„On voit, que sur tous les sujets, à l'exception de trois, l'indice céphalique du crâne est plus petit que celui de la tête; et que, dans les trois autres cas, le premier de ces indices ne l'emporte sur le second que d'une quantité fort minime. Mais ces exception mêmes prouvent la nécessite, de considérer des séries et non des individus."

Die Unterschiede zwischen Länge und Breite, sowie dem Längsbreitenindex des Schädels und Kopfes variiren, wie Mies[1]) gezeigt hat, auch mit dem Alter, mit dem Geschlecht und mit der Grösse des Kopfes.

Sie nehmen von der Geburt bis zum reiferen Alter zu, im Greisenalter ab. Die mitttleren Unterschiede sind bei dem m grösser als beim w und die mittleren Unterschiede zwischen den Längen und Breiten des Kopfes und des Schädels nehmen mit der Grösse der Kopflänge und Kopfbreite zu. P. Topinard[2]) stellte einmal die verschiedenen Zahlen zusammen, um welche einzelne Anthropologen den Kopfindex des Lebenden vermindern wollten,

[1] J. Mies, Ueber die Unterschiede zwischen Länge, Breite und Längsbreitenindex des Kopfes und Schädels Mitteilungen der anthrop. Ges in Wien. XX. 1890 p. 37. ff.

[2] Topinard, un mot sur la conversion de l'indice céphalométrique en indice craniométrique. R. d'Anthr. Sér. III T. III. p 641 ff

um den des Schädels zu erhalten. Die Zahlen gruppiren sich im Grossen und Ganzen um 2. und zwar will Broca 1.68. Stieda 2.10. Feré 2.17, Riccardi 1.19. Honzé und Marique 1.82. Noch grössere Zahlen als Stieder und Feré verlangten Virchow, Miklucho-Mackley und Weissbach. Topinard[1]) selbst ist der Ansicht, man könne einfach den Kopfindex als dem Schädelindex gleich betrachten: die Ursachen, welche früher stets eine Reduktion nahe legten, beruhten in der Veränderung der Kopfhaut während des Liegens der Leichen. Die Haut des Occiput wird zusammengepresst, also verdünnt, während die Seitenpartien durch die in sie gedrängten Blut- und Flüssigkeitsmengen verdickt werden. Als Topinard die von Broca gemessenen Schädel nochmals nachmaass, fand er beim Vergleich mit den Maassen des Kopfes nicht wie dieser einen Unterschied von 1.68 sondern nur 0.31. Er führt das darauf zurück, dass der Schädel unterdessen sehr viel stärker ausgetrocknet war. Er weist auch darauf hin, das die Gestaltsveränderungen beim Eintrocknen des Schädels sehr verschiedenartig und oft undefinirbar sind, ein Umstand, auf den ich bereits oben (pag. 8) hingewiesen habe.

Noch ist einiges über die Wiedergabe kraniologischen Materiales zu sagen. Wir finden meist in kraniometrischen Abhandlungen unendlich lange Zahlenreihen, aus denen sich kein Mensch auch nur einen entfernten Begriff dessen, was damit gesagt sein soll, machen kann. Man erstickt in der Flut von Zahlen und kaum jemand wird sich die Mühe geben, sich durch stundenlange Arbeit etwas über eine solche Tabelle aufzuklären.

Daneben besteht, um die Resultate übersichtlicher anzuordnen, das Verfahren, sog. Mittelzahlen aufzustellen. In solchem Falle ist stets grosse Vorsicht rathsam, die aber leider meist ausser Acht gelassen wird. Viele Auto-

[1]) Topinard, de l'indice céphalique sur le crâne et sur le vivant d'après Broca. Rev. d'Anthrop. Paris 1882 V.

ren glauben ihr Uebriges gethan zu haben, wenn sie alle vorhandenen Zahlen addiren und daraus den Mittelwert suchen — ob dieser auch mit dem wirklichen Durchschnittsmaasse übereinstimmt, darnach fragt meist niemand. Aber leider gibt er uns nur zu oft ein ganz anderes Bild als das Richtige, wie ich unten zeigen werde.

Die einzige Art, welche sowohl ein wahres, als auch ein übersichtliches Bild des Sachbestandes liefert, haben wir in der Aufstellung von Kurven, wie sie bereits Ranke, Kollmann u. a. konstruirt haben. Die einzelnen Maasse werden auf einer Horizontalen, die Zahl der bei jedem Maas zu verzeichnenden Fälle wird auf einer Vertikalen angetragen. Eine derartige Kurve lügt nie und ein kurzer Blick auf dieselbe legt uns die Verhältnisse vollkommen klar.

Ich habe auf Tafel I aufs Geratewohl die Kurve der Jochbreite der Ainos nach Koganei konstruirt.

Koganei[1]) berechnete nach den auch zu meiner Kurve benützten Maasen eine durchschnittliche Jochbreite der Ainos von 134.5. Ich will ganz davon absehen, dass er nur ganze Zahlen, niemals aber 134.5 gemessen hat. Aber man sieht ohne Weiteres, dass die Kurve von 130—134 gleich hoch bleibt, dann bis 136 steigt und bei 139 wieder die Höhe von 130—134 erreicht, es liegt also nicht der mindeste Grund vor, zu behaupten, es gäbe eine Durchschnittsjochbreite der Ainoschädel von 134.5.

Jhering[2]) hat eine andere Methode vorgeschlagen, um der Mittelzahl aus dem Wege zu gehen, den Oscillationsexponenten.

Er weist zunächst auf die Ungenauigkeit der Mittelzahl hin. Man nehme z. B. zwei Zahlenreihen:

A. 2. 3. 4. 12. 13. 14
B. 7. 7. 8. 8. 9. 9.

[1]) Koganei, Beiträge zur physischen Anthropologie der Ainos. Tokio 1893. Mitteilungen der med Fak der Kais. jap. Universität zu Tokio.

[2]) H. v. Jhering, zur Einführung des Oscillationsexponenten in der Kraniometrie. Arch. f. Anthrop. Bd. X. 1878.

In beiden Reihen ist das Mittel 8. Im ersten Falle repräsentirt die Mittelzahl aber nicht das vorhandene Verhältniss, wie es im zweiten der Fall ist. Um dies genau nachzuweisen, berechne man für jedes Glied jeder Reihe den Abstand von der Mittelzahl, gleichviel, ob die Zahl, welche die Differenz angibt, dabei eine negative oder eine positive Grösse darstellt. Diese Differenzzahlen lauten für die Reihe A. 6. 5. 4. und 4. 5. 6. Die Summa der Zahlen ist 30, die Differenz im Mittel für jede Zahl ist also 5. Dies ist folglich der Oscillationsexponent der Reihe A.

Für die Reihe B. berechnet sich in gleicher Weise die Summa der Differenzwerte zu 4, so dass die Durchschnittsdifferenz vom Mittel für jedes Glied $\frac{4}{6}$ oder 0,66 ist. Passender Weise setzt man die so gewonnenen Oscillationszahlen in Form eines Exponenten über die zugehörige Ziffer und man wird daher diesen Exponenten als Oscillationsexponenten bezeichnen können. Es wird daher das Mittel der Reihe A = 8^5, das der Reihe B = $8^{0.66}$ lauten.

Will man nun eine Anzahl von Mittelwerten unter einander vergleichen, so wird man die „Güte" wenn ich so sagen darf, einer jeden an der Grösse des Oscillationsexponenten erkennen. Je grösser dieser, um so weniger entspricht die Mittelzahl den in der betreffenden Reihe bestehenden Verhältnissen. Je geringer der Oscillationsexponent ist, um so mehr Grund hat man, die Mittelzahl als ein getreues Abbild der zumeist in der Beobachtungsreihe vertretenen Werte anzusehen. D. h., auf die Kraniometrie angewandt: je grösser der Oscillationsexponent, um so näher liegt der Verdacht, dass mehrere Rassen gemischt sind.

Man wird diesen Oscillationsexponenten ohne weiteres ad acta legen dürfen. Er hat nicht den geringsten Wert. Das Bild, das er uns gibt, ist gänzlich unklar und verschwommen. Die Arbeit, welche zu seiner Berechnung aufgewendet werden muss, ist ganz bedeutend; trotzdem leistet er bei weitem nicht so viel, wie eine übersichtliche, in wenigen Minuten entworfene Kurve.

II.

Die Geschichte der Kraniologie.

Mehr als 25 Jahre ist es nun her, seit v. Ihering[1]) in einer Arbeit über Schädelmessung die folgenden Sätze schrieb:

„Fast jedes Jahr bereichert uns um die eine oder die andere kraniometrische Neuerung, ohne dass im Allgemeinen der Nutzen derselben ein sehr grosser wäre oder dass die Fortschritte in der Kraniologie in einem annähernd richtigen Verhältniss zu den Vorschlägen und Leistungen auf diesem Gebiete stünden. Man kann sich wohl kaum eine trostlosere Aufgabe denken, als die, eine ausführliche Geschichte dieser Wissenschaft schreiben zu sollen. Gewiss könnte es dem Verfasser einer solchen nicht sehr verargt werden, wenn er schliesslich zu der Ueberzeugung gelangte, dass Zwietracht, Eigensinn, Eitelkeit der Autoren oder wie er es sonst gerade nennen würde, die Schuld trüge an dem traurigen Zustand, in welchem die Kraniologie sich befindet oder wenn er gar den Namen einer Wissenschaft einem Gebiete abspräche, auf welchem noch nicht einmal das Abc feststeht."

Heute, nach einem Vierteljahrhundert, ist dieser Notschrei Iherings noch nicht verhallt. Wohl hat sich

——

[1]) H. v. Ihering, zur Reform der Kraniometrie. Zschr. f. Ethnol. Bd. V. 1873.

3

Manches gebessert, aber nur in Bezug auf die Methode.
Die Frankfurter Verständigung hat uns eine einheitliche
Methode gegeben. Einheitlich ist die Methode allerdings,
aber damit sind vielleicht alle ihre Vorteile erschöpft.
„Vielleicht" sage ich, denn ob die Methode wirklich einen
Wert hat, das ist schwierig zu entscheiden. Immer grösser
wird die Zahl derer, welche sie an ihren Fundamenten zu
unterwühlen beginnen. Wenn die, die neue Werte suchen,
uns sagen wollten, dass sie das lange gesuchte Ziel gefunden haben, dann wäre es ja gut. Aber nur das Verlangen nach Abwechslung, der Abscheu vor dem Stag-
niren der Wissenschaft treibt sie zum Widerspruch, was
sie uns geben, ist kaum besser als das Alte, vielleicht noch
schlechter. Ich sage wieder „vielleicht". Denn wieder
weiss ich nicht, ob es falsch oder richtig ist, was sie gefunden, weil wir eben gar nichts wissen und die Befürcht-
ung, dass hinter dem „ignoramus", das wir heute sprechen,
nur das „ignorabimus" steht, ist nur allzu begründet. Die
Schädellehre als rassenvergleichende Wissenschaft liegt
noch sehr im Argen, und trotzdem in unserem „tinten-
klexenden Säkulum" auch auf diesem Gebiete die Tinte
nicht gespart würde, trotzdem die Untersuchungen und
Veröffentlichungen nach Tausenden und aber Tausenden
zählen, hat die Kraniologie und ganz besonders die Kraniometrie ihre Kinderschuhe noch nicht ausgetreten. Im
letzten, dritten Teil der vorliegenden Arbeit soll die Frage
untersucht werden, was wir überhaupt von der Schädellehre und ihrem Werte für die Classification der Menschheit halten dürfen. Zunächst aber sei ihr historisches
Werden und ihr Entstehen betrachtet.

Die Kraniologie ist ein Teil der Anthropologie, der
Wissenschaft vom Menschen.

Diese Wissenschaft, wie das Wort, ist uralt, schon
Aristoteles nannte diejenigen, welche sich mit dem Studium der Menschen befassten, „Anthropologen." Am Anfang der Neuzeit finden wir den Ausdruck „Anthropologie"

zum erstenmal als Titel des berühmten Buches von Magnus Hundt[1]). Derselbe versteht darunter allerdings etwas anderes, als wir heutzutage. Sein Buch handelt teilweise über Anatomie, jedoch läuft neben der Beschreibung des menschlichen Körpers, und zwar eigentlich als Hauptsache, eine Flut von scholastischen Spekulationen.

Diderot und d'Alambert definirten 1772 Anthropologie als „Abhandlung vom Menschen". Kant schrieb 1788 seine „Anthropologie," ein psychologisches Werk, wie denn überhaupt zu jener Zeit das Wort zumeist im Sinne von „Psychologie" gebraucht wurde.

Sehr oft ist es auch der Titel von Encyklopädien, die, von Medizinern verfasst, Anatomie, Physiologie, Pathologie und Hygiene und oft auch noch Psychologie enthielten.

Erst seit Blumenbach hat das Wort die Bedeutung, die wir ihm heute beilegen. Broca, Quatrefages, Topinard und viele Andere gaben später ausführliche Definitionen des Wortes Anthropologie.

Im Allgemeinen handelt es sich um 2 Hauptpunkte: Um das Studium des Menschen in seiner Gesamtheit und im Verhältniss zu den übrigen Tieren und um das Studium des Menschen im Einzelnen, das Verhältnis der Menschen und Menschengruppen zu einander.

Für uns kommt nur der zweite Teil der Frage in Betracht, die Verschiedenheit der „Menschenrassen".

Zwei Momente vor Allem sind es, die das Aufblühen der Anthropologie am Ende des vorigen Jahrhunderts veranlasst haben.

Je weiter die Welt durch die Entdeckungsreisen eines Cook und Anderer erschlossen wurde, je mehr kühne

---

[1]) Anthropologium de hominis dignitate natura et proprietatibus de elementis, partibus et membris humani corporis, de juramentis, nocumentis, accidentibus, vitus, remedus, et physognomia ipsorum, de excrementibus et exeuntibus, de spiritu humano ejusque natura, partibus et operibus, de anima humana et ipsius apendicus Per Magnum Hundt. Parthenopolitanum. 1501.

Forscher hinauszogen zu den fernsten Weltgegenden, desto mehr drängte sich die Frage nach dem Unterschiede der in fernen Welten gefundenen Menschen und der bisher bekannten auf. Und als zweiter, mächtiger Faktor wirkte eine sociale Frage mit, die Sklaverei.

Da es wohl von Interesse sein dürfte, das Emporkeimen der modernen Anthropologie im Allgemeinen, auch abgesehen von der Kraniologie, die sich ja erst sekundär entwickelte, zu verfolgen, soll die Entwicklung der Verhältnisse hier kurz verfolgt werden.

Das Erste, was dem anatomisch Ungebildeten und Ungeübten bei den Angehörigen einer fremden Rasse auffällt, ist die Hautfarbe. Je mehr diese von der des Volkes, dem er selbst angehört, abweicht, desto grösser wird ihm der Unterschied, desto fremder wird ihm der andere Mensch erscheinen. Ist die Differenz so gross, wie bei dem Neger und dem Europäer, so kann, noch dazu bei der in diesem Falle so grossen Verschiedenheit des Kulturzustandes sich wohl beiden Teilen die Frage aufdrängen, ob denn der Andere überhaupt ein gleichartiges Wesen sei.

Der Neger hält dann wohl den Weissen für einen Uebermenschen wenn ich diesen Ausdruck gebrauchen darf. Der Europäer ist umgekehrt geneigt, den ihm unbeholfen erscheinenden „Wilden" als ein tief unter ihm stehendes Wesen zu betrachten, seine Eitelkeit will es nicht zulassen, dass man jenen auf die gleiche Stufe mit ihm stellt.

Diese Verachtung des Anderen führt zur Unterdrückung desselben, zuletzt zur Sklaverei. Ich will nur auf die Geschichte der „berühmten" Conquistadores verweisen, auf die Vorgänge in Tasmanien, auf die „Jagden" der Boeren in nicht zu weit zurückliegender Zeit Beispiele dieser Art gibt es unendlich viele.

Die moralisch höher stehenden Elemente des in Frage kommenden Kulturvolkes erheben dann wohl ihre Stimme, sie erklären das Gebahren ihrer Landsleute für unmoralisch und sobald sich diese Reaktion zeigt, wird auch die Frage

nach dem Menschentum der Unterjochten aufgeworfen.
Man spricht dafür und dagegen und wahrscheinlich sind
die Anfänge der Anthropologie nichts weiter als eine Reaktion gegen den Sklavenhandel. Die erste englische Gesellschaft, die sich mit Anthropologie befasste, wurde ge-
gründet, um für die Abschaffung der Negersklaverei zu
arbeiten, und sie trug thatsächlich mit zur Erreichung dieses Zieles bei.

Spärlich fliessen in den frühesten Zeiten die Nachrichten über fremde Volksstämme. Eingestreute Notizen
zwischen allen erdenklichen anderen Dingen, das ist alles.
Hippocrates[1]) erzählt von den Eigenschaften der Scythen
und beschreibt die „Mikrocephalen" jenseits der mäotischen
Sumpfes. Er spricht von den langköpfigen Kolchiern und
glaubt, dass ihre ehemalige Sitte, die Köpfe der neugeborenen Kinder zu pressen, endlich bezweckt hätte, dass
ihre Nachkommen mit dieser Form des Schädels geboren
wurden.

Bei ihm finden wir auch bereits die Lehre von gewissen Normen der individuellen Schädelbildung, die sich
dann bis herein in die Zeit der italienischen Schule der
Anatomie in Ansehen erhielt.

Er sagt an einer anderen Stelle[2]), es gäbe 4 verschiedene Schädelformen:

Bei den ersten ist das Vorderhaupt mehr aufgetrieben
und vorragend, ihre Nähte (Lat. coronaria et sagittalis)
bilden die Form des Buchstaben T. Die zweite Form hat
eine Auftreibung am Hinterhaupt; bei ihr bildet die Lambda-
und Pfeilnaht ein T. Die dritte Form ist vorn und hinten
aufgetrieben, die Lambda-, Sagittal- und Kranznaht bilden
ein H. Die vierte endlich hat gar keine Auftreibung und
ihre Kranznaht bildet mit der zur Stirnnaht sich verlängern-
den Pfeilnaht ein X.

---

[1]) Hippocrates, de aere et locis lib. 8.
[2]) Hippocrates: de vulneribus

Aristoteles beschrieb die Aethiopier und verglich sie auch bereits mit Affen.

Bei ihm blieb die Naturforschung stehen. Ein grosser Fortschritt war erst wieder zu verzeichnen, seit Galen Affen sezirte. Sein Werk wurde dann von Mudinus und Vesalius fortgesetzt.

Galen[1]) beschrieb genau die Form der einzelnen Nähte und nahm auch die Schädellehre des Hippocrates wieder auf.

Vesal[2]) fügte den 4 Schädelformen noch eine fünfte hinzu, welche ihre Auftreibungen an der Seite hat und besonders bei geisteskranken Personen sehr häufig sein sollte.

Wichtig ist, dass Vesal[3]) bereits glaubte, verschiedene Schädelformen bei den einzelnen Völkern finden zu können. Er führt das allerdings zurück auf die Liebhaberei der betreffenden Völker für eine bestimmte Form, und hält also die sämmtlichen „Rassenschädel" für gewissermassen skoliopädische Formen.

Er sagt:

„Genuensium et magis adhuc Graecorum et Turcarum capita globi fere imaginem exprimunt, quam illorum non pauci elegantem et capitis. quibus varie utuntur. tegumentum accomodum censent) obstetricibus nonnunquam magna matrem sollicitudine opem ferentibus. Germani vero compresso plerumque occipite et lato capite spectantur quod pueri in cunis dorso semper incumbant ac manibus fere citra fasciarum usum. cunnarum lateribus utrimque alligantur. Belgis oblongiora caeteris prope modum referuntur permanentve capita. quod matres suos puerulos fascus involutos in latere et portissimum temporibus dormire sinent."

---

[1]) Galemus, de ossibuss.
[2]) Andreae Vesalä, Brüxellensis de corporis humani fabrica libri septem. ed. Oporin Lugdani MDLII.
[3]) l. c. lib. I. cap. 5 p. 23.

Vesalus spricht also hier schon von der Brachycephalie der Germanen, wobei er jedenfalls die Süddeutschen
im Auge hat, bei welchen ja in der That die Kurzköpfig-
keit heute noch vorherrscht. Die Entstehung dieser Form
führt er auf das Liegen des Kinderkopfes auf harter Unterlage zurück eine Behauptung, durch welche man un-
willkürlich an die Ansicht Virchows über die Schädelform der Armenier, von der ich im ersten Teile gesprochen
habe, erinnert wird.

Dieselbe Ansicht über die Entstehung der Schädelformen sprach im 13. Jahrhundert Libavius[1]) aus, der
sagt: „Eine andere Gesichtsbildung haben die Thüringer,
eine andere die Sachsen, eine andere die Schwaben, und
jeder Gau hat seine eigene, dass man, wenn man einiger-
maassen Mühe darauf verwenden wollte, jedem beinahe
sein Vaterland würde ansehen können.

Auch er war der Ansicht, die Schädelformen seien
zurückzuführen auf künstliche Deformation im Gegensatz zu
der anderen, dieselben wären abhängig von der Stellung
der Nähte.

Dieser letzteren Behauptung widersprach Eustachi[2])
und zwar ganz mit Recht, da wir heute wissen, dass, wie
schon im ersen Teile erwähnt, nur praemature Synostosen
und andere als pathologisch zu bezeichnende Zufälle die
Schädelform verändern können.

Alle diese Thatsachen wurden in der damaligen Zeit
konstatirt, ohne dass man aus ihnen irgend welche Schlüsse
auf die Verschiedenheit der Menschen untereinander hätte
ziehen wollen. Nur Theophrastus Bombastus Paracelsus[3]) sprach einmal die naive Ansicht aus, er könne

---

[1]) Libavius, de Aethiopibus Virgililianis, Singularium Th.
I. 5. 659.

[2]) Bartolomeo Eustachi, Opuscula Anatomica. Vened. 1564.

[3]) Theophrastus Bombastus Paracelsus ab Hohenheim, de
Philosophia occulta, lib I

nicht begreifen, wie die Amerikaner eben so gut wie die übrigen Menschen von Adam abstammen sollten. Er half sich aus der Schlinge, indem er annahm, der liebe Gott habe seinerzeit zwei Adams erschaffen, einen weissen in Asien und einen roten in Amerika.

Bis zur Mitte des vorigen Jahrhunderts blieb die Anatomie ausschliesslich im Dienst der Aerzte bis 1735 Linnée, wie auf so vielen anderen Gebieten, auch hier bahnbrechend auftrat. Freilich steht auch sein Classificationsversuch noch auf schwanken Füssen und die erste Einteilung, die sich wirklich auf anthropologische Thatsachen stützt, ist die Blumenbachs. Ehe ich Blumenbach ausführlich behandle, will ich, um zu zeigen, was vor ihm war und was er antraf, einen kurzen Ueberblick über die Classificationsversuche seiner Vorgänger geben. Da mir leider nicht alle einschlägigen Arbeiten zugänglich waren, habe ich die Citate teilweise der Aufzählung, die Blumenbach[1]) selbst gibt, entnommen.

Die erste Classification finden wir im 17. Jahrhundert bei F. Bernier[2]). Er unternahm weite Reisen und stellte dann, nach Frankreich zurükgekehrt, vier Rassen auf: Weisse oder Europäer, Gelbe oder Asiaten, Schwarze oder Afrikaner und die Lappen im Norden. Die Einteilung von Leibniz, die an zweiter Stelle zu nennen wäre, ist genau die Gleiche. Jedenfalls hat er Berniers Arbeit gekannt. Er unterscheidet 4 Ordnungen: Lappländer, Aethiopier, Orientalen oder Mongolen und Europaerähnliche Völker. Linnées[3]) berühmte Klassification hat vor allem einen grossen Vorteil: dadurch, dass er den Menschen in sein zoologisches System aufnahm, zwang er die Zoologen geradezu, sich mit ihm zu beschäftigen.

---

[1]) Blumenbach, über die natürlichen Verschiedenheiten im Menschengeschlecht. Leipzig 1798

[2]) Im „Journal des Scavans“ 1684.

[3]) Linnée, Systema Naturae. Leyden 1735.

Seine Einteilung ist, genau übersetzt,[1] folgende:
„Der Mensch." (Homo sapiens). Erkenne dich selbst!
1. Homo diurnus, der Tagmensch, varriirend durch
Kultur und Wohnort. Vier Varietäten:

    a. der Amerikaner (Americanus). Rötlich, chole-
risch, gerade aufgerichtet. Mit schwarzen,
geraden, dicken Haaren, weiten Nasenlöchern;
das Gesicht voll Sommersprossen, das Kinn
fast bartlos. Hartnäckig, zufrieden, frei; be-
malt mit labyrinthischen (dädalischen) Linien,
regiert durch Gewohnheiten.

    b. Der Europäer (Europaeus). Weiss, sangui-
nisch, fleischig. Mit gelblichen, lockigen
Haaren, bläulichen Augen. Leicht beweglich,
scharfsinnig, erfinderisch; bedeckt mit an-
liegenden Kleidern, regiert durch Gesetze.

    c. Der Asiate (Asiaticus). Gelblich, melancho-
lisch, zäh. Mit schwärzlichen Haaren, braunen Augen. Grausam, prachtliebend, geizig;
gehüllt in weite Gewänder, regiert durch
Meinungen.

    d. Der Afrikaner (Afer). Schwarz, phlegmatisch,
schlaff. Mit kohlschwarzen, verworrenen (con-
tortuplicatis) Haaren, mit ganz seidenartig
glatter Haut (wie Sammt), mit platter Nase,
aufgeschwollenen Lippen, die Weiber mit
Hottentotten-Schürze und während des Säu-
gens mit verlängerten Brüsten (feminis sinus
pudoris, mamae lactantes prolixae). Schlau,
träge, gleichgültig; mit Fett gesalbt, regiert
durch Willkür.

Ausser diesen 4 Hauptabteilungen nennt er noch den
Homo monstrosus, wozu er die „Alpenbewohner" (wahrscheinlich Kretins), die Patagonier, Hottentotten, Chinesen
und Kanadier rechnet.

---

[1] v. Ranke, der Mensch. Leipzig 1888. Bd I

Dem Homo diurnus und dem H. monstrosus, die zusammen den H. sapiens bilden, steht gegenüber der H. ferus, worunter Linnée nach Ranke jedenfalls die Mikrocephalen versteht.

Betrachten wir Linnées Classificationsversuch näher, so sehen wir, dass das geographische Element für ihn massgebend war und in zweiter Linie die Hautfarbe. Diesen Hauptpunkten reihen sich dann ethnologische, somatische und soziologische Unterschiede an.

Die Einteilung Buffons in 6 Rassen kann ich übergehen, denn sie bietet durchaus nichts, so sehr auch sonst die Verdienste dieses Mannes um die Ethnologie anzuerkennen sind.

Pownall unterschied eine weisse, eine rote und eine schwarze Rasse. De la Croix geht von 2 Hauptgruppen, einer weissen und einer schwarzen, aus, von denen die erstere wiederum in 4 Unterabteilungen, die eigentlich Weissen, die Braunen, die Gelbe (jaunâtres) und die Olivenfarbenen, zerfällt.

Diese wenigen Beispiele mögen genügen. Man stellte zu jener Zeit Classificationsversuche ohne eine eigentlich ernste Absicht auf, aber im letzten Viertel des vorigen Jahrhunderts wurde aus der bisherigen Spielerei — wenn ich so sagen darf — Ernst. Die Anthropologie, die Wissenschaft vom Menschen, wurde plötzlich mit herangezogen zur Beantwortung einer der brennendsten ethischen Fragen, der Sklavenfrage.

Es machten sich zahlreiche Stimmen für und gegen die Sklaverei geltend. Die Einen behaupten, der Neger sei eben so gut ein Mensch wie der Europäer und müsse daher menschenwürdig behandelt werden, andere sind der entgegengesetzten Ansicht. Ihnen ist der schwarze, unkultivirte Afrikaner ein Tier, das man wie ein Tier behandeln, resp. sich nutzbar machen kann. Dieser Streit zwingt die Anatomen, sich mit der Lösung des Problems zu befassen, man interessiert sich an massgebender Stelle für die psychischen und somatischen Unterschiede des Negers — um

andere Völker kümmert sich die junge Anthropologie wenig
oder gar nicht. Aber die Vertiefung in die rassenvergleichende Anatomie, welche das Problem erfordert,
kommt auch den bisher nicht weiter beachteten Rassen
bald zu Gute.

Ist der Neger ein dem Europäer gleich zu erachten-
des Wesen oder nicht? Und was ist er dann? — Das
waren also die zunächst zu lösenden Probleme, die sich
ziemlich mit der Frage nach dem Wesen einer Rasse
decken.

Als ersten, der in jener Zeit dieser Frage näher trat,
ist „Kant"[1]) zu nennen. Er sagt:

Wir können in der gesammten Menschheit 4 verschiedene Hautfarben unterscheiden: Weiss, gelb,
schwarz und kupferrot. Daraus geht klar hervor,
dass es vier verschiedene Menschengattungen gibt.
Sie können aber nicht von Anfang an getrennt als
solche aufgetreten sein, dagegen spricht die Möglichkeit einer wechselseitigen Mischung.

Wir sind deshalb gezwungen, einen Urstamm anzunehmen, der die Anlagen zu diesen vier sekundären
Urstämmen in sich barg. Die spezifischen Eigenschaften der einzelnen Rassen wurden durch eine
möglichst vollkommene Anpassung an die Umgebung
weiter ausgebildet. Wenn wir also Rassen aufstellen
wollen, so handelt es sich dabei darum, den Klassen-
unterschied von Individuen eines und desselben Stammes, sofern er unausbleiblich erblich ist, zu fixiren.

Kant ist also sehr gemässigter Ansicht, er steht
auf dem Standpunkt der später sog. Monogenisten.

Noch entschiedener geht Forster[2]) in dieser Beziehung vor. Er tritt lebhaft für die Einheit des Menschengeschlechtes ein und stellt ausserdem einen Satz auf, für

---

[1]) in der „berlinischen Monatsschrift" Nov. 1775 p. 390. ff.
[2]) Forster, Observations made during a voyage round the
world. London 1778. p. 256 f.

den sich seit jener Zeit immer mehr Beweise gefunden haben und den wir unbedingt anerkennen müssen, wenn er auch vielen unserer heutigen Anthropologen ein Dorn im Auge ist — er hebt hervor, dass die ganze Menschheit eine ununterbrochene Kette darstelle, dass ein ganz allmäliger, unerkennbarer Uebergang von den niedrigsten zu den höchsten Rassen stattfinde. Er sagt:

If we are at once to make a sudden transition from the contemplation of the fairest beauty of Europe to that of the deformed negro, the difference is so great, and the contrast so strong, that we might be tempted to think them of a distinct species: but if we examine the insensible gradations of the form, habit, size, colour and some external differences, we shall find, that they are by no means so widely remote from each other in the scale of beings, as to form separate species. Anatomically considered, they perfectly agree, in all the material great parts of their frame, and even in the particular of their structure, and consequently they cannot constitute different species.

For considering, that if the most remote tribes of mankind cohabit together, they always procreate children, similar to their parents and capable of procreating others, the difference cannot be so material: especially if we remark, that by continually repeated marriages of a Mulatto (who is the offspring of a black and a white person) with white persons, the progany after each marriage becomes fairer and fairer, so that at last not the least difference is observable; or that, if the Mulatto marries a black person, their offspring is blacker, and after a few intermarriages the race is reduced to absolute negroes: after these remarks, I say it musst become more and more evident to minds free frome prejudice or rancour against religion, that all mankind, though ever much varied, are, however, but of one species.

Forster erwähnt auch an anderer Stelle die An-
näherung der niedrigsten Menschenrasse, als welche er die
Bewohner von Mallikollo in der Südsee bezeichnet, an die
Affen. Sie sind klein, behend, hager, schwarz und häss-
lich. Der Hirnschädel ist auf eine besondere Art von der
Nasenwurzel aufwärts mehr platt und rückwärts gedrückt,
die Backenknochen breit.

Die Auseinandersetzungen Forsters sind geradezu
klassisch und könnten heute geschrieben worden sein.
Denn weiter ist unser Wissen ja leider noch nicht gediehen
als bis zu der Auffassung, die Forster hier vertritt. Der
letzte, oben citirte Satz ist insofern beachtenswert, als
Forster hier bereits auf ein anatomisches Rassenmerkmal
aufmerksam macht, das, wie es mir scheint, in unserer Zeit
leider zu wenig, --- eigentlich gar nicht — berücksichtigt
wird, die Stellung der Stirn. Wir lassen diese bekanntlich
bei der Messung der Prognathie ganz ausser acht, weil
man sich bisher nicht für einen festen Punkt als obere
Grenze des Maasses entscheiden konnte. Ich weiss nicht,
weshalb man nicht das Inion — den Schnittpunkt der
Sagittalebene des Schädels mit der Verbindungslinie zwischen der tubera frontalia — genommen hat. Vielleicht
darf ich hoffen, dass diese Zeilen ein näheres Eingehen
auf diese ganz gewiss wichtige Frage zur Folge haben.

Aehnlich wie Forster äussert sich noch in dem
gleichen Jahre Zimmermann.[1])

„Alles, was wir in der Natur kennen, hängt durch
Nuancen zusammen, vom Menschen bis zum untersten
Affen.“

Goldsmith und Le Maire sprechen den gleichen
Gedanken aus.

Was man davon aufgriff, war die Affenähnlichkeit der
am tiefsten stehenden Menschen.

---

[1]) Zimmermann, Geschichte des Menschen und der vier-
füssigen Tiere. 1778 Bd I p. 5.

Schon 3 Jahre später entwickelt Fabricius [1]) die
Ansicht, der Neger sei durch Mischung eines weissen Menschen
mit einem Affen entstanden.

Von diesem Standpunkt ausgehend, kann man dem
Neger ohne weiteres die Menschlichkeit absprechen. Und
das that man auch ohne weiteres. Allen voran war Montesquieu [2]), der die Gegner des Sklavenhandels „des petits
esprits" nennt. Er sagt:

Ceux (les nègres) sont noirs depuis les pieds jusqu'à la tête et ils ont le nez si écrasé, qu'il est
presque impossible de les plaindre.

On ne peut se mettre dans l'esprit que Dieu, qui
est un Etre très sage, ait mis une ame, surtout une
ame bonne, dans un corps tout noir.

Il est si naturel de penser, que c'est la couleur
qui constitue l'essence de l'humanité, que les peuples
de l'Asie qui sont des Ennuques, privent toujours
les noirs du rapport qu'ils ont avec nons d'une façon
plus marquée.

On peut juger de la couleur de la peau par celle
des cheveux, qui chez les Egytiens, les meilleurs
philosophes du monde, étaient d'une si grande consé-
quence qu'ils faisoient mourir tous les hommes roux,
qui leur tomboient entre leur mains."

Etwas gemässigter drückt sich Meiners [3]) aus, sagt
aber im Grund das Gleiche:

„Unter allen den verschiedenen Haufen menschlicher
Geschöpfe, womit der Vater des Ganzen die Erde
übersät hat, sind keine, denen er eine stärkere An-
hänglichkeit an's Leben und einen heftigerea Abscheu
vor dem Tod gegeben hätte, als den Negern an der
westlichen Grenze von Afrika, vom Senegal bis Loango

---

[1]) J. C. Fabricius, Betrachtungen über die allg. Einrich-
tungen in der Natur. Hamburg 1771.

[2]) Montesquieu, de l'Esprit des Lois XV. Cap. 5.

[3]) Meiners, Vermischte philosophische Schriften. 2. Theil
„Betrachtungen über den Tod."

hinunter, keine, die er sowohl gegen Schmerzen und
natürliche Uebel, als gegen schimpfliche und unge-
rechte Begegnungen anderer mit mehr Unempfindlich-
lichkeit ausgerüstet hätte, keine endlich, die er so
sehr zu Sklaven für andere geschaffen und mit mehr
leidender Geduld gewaffnet zu haben scheint.«

In einer zweiten wichtigeren Arbeit, die erst zu der
Zeit erschien, als er bereits Kenntniss hatte von den denk-
würdigen Untersuchungen Sömmerings und Campers
führt Meiners[1]) folgendes aus:

„Alle Völker machen zwar ein einziges Geschlecht,
oder eine einzige Art (species) von Geschöpfen aus,
allein in diesem einzigen Menschengeschlecht müssen
wir zwei verschiedene Stämme, in jedem Stamm
mehrere Rassen, in jeder Rasse unzählige Varietäten
und endlich eine grosse Menge von Spielarten annehmen, die aus der Vermischung von Menschen aus
verschiedenen Rassen und Stämmen entstanden sind.“
Ein kleiner Schritt noch, und es wäre bereits beim
Einzelindividuum angelangt!

„Sonderbar scheint es mir, dass man die Farbe
zum einzigen oder vornehmsten Merkmale wählt, nach
welchem man die Aehnlichkeit und Verschiedenheit
der Völker zu bestimmen habe.“ — Hier zeigt sich
deutlich der bestimmende Einfluss von Sömmering
und Camper.

Es sind zwei Rassen, oder wie er sagt, Stämme, aus
denen die Menschheit besteht:

I. Mongolen: Ostasiaten, Amerikaner und Neger.

II. Kaukasier oder Tartaren: d. h. die „edelgebil-
deten Völker.“

Diese Einteilung ist allerdings sehr naiv, schon der
Gedanke, Ostasiaten und Neger unter einen Hut bringen zu
wollen, erscheint uns unbegreiflich. Aber sie ist anzuführen,

---

[1]) Meiners, „Grundriss der Geschichte des Menschen.“
Lengo 1785

weil sie eine der ersten Classificationen ist, bei denen ausser anderen Gründen auch kraniologische maassgebend sind.

Meiners verwendet als Rassenmerkmale: die Körpergrösse, Körperkraft, Magerkeit oder Fettigkeit, Schönheit Hässlichkeit, Farbe, Haarwuchs und endlich den Schädelbau. Ueber diesen sagt er:

„Ueber die Form der Köpfe werden wir dereinst von Herrn Camper befriedigende Aufschlüsse erhalten. So viel uns aber ein anderer vortrefflicher Zergliederer gesagt hat (Sömmering) und auch sonst in den Werken der Reisenden beiläufig erwähnt worden ist, so muss man annehmen, dass die mongolischen Völker sich auch hier von den Tartarischen merklich auszeichnen. Unter den ersteren haben die Amerikaner am meisten die ursprüngliche Gestalt ihrer Köpfe zu verschönern gesucht. Noch mehrere mongolische Nationen fahren bis auf den heutigen Tag fort, ihre Stirne anders zu bilden, als die Natur sie ihnen gegeben hatte. Mehrere Nachrichten, als über Köpfe und Stirnen, findet man über die Gesichter mongolischer Völker, die zwar sehr von einander abweichen, aber alle wieder von den Umrissen der Gesichter der kaukasischen Nation verschieden sind."

Meiners sagt also noch nichts klar, er tastet nur, und immer spielt bei seinen Ausführungen noch die Skoliopädie eine grosse Rolle.

Doch nun zu Sömmering. Ich will ihn vollständig abhandeln, ehe ich zu Camper übergehe, da ich bei Gelegenheit der Besprechung des Letzteren eine längere Auseinandersetzung über den Gesichtswinkel einschalten möchte.

Sömmering[1]) beschrieb zunächst in einem Lehrbuch der Anatomie, wie wir es heute wohl nennen möchten, genau die Schädelformen verschiedener Völker. Ich kann seine sehr umfangreichen Schilderungen hier nicht wieder-

---

[1]) Sömmering, de cosrporis humanifabrica. Frankfurt und Mainz 1778.

holen. Ich will nur erwähnen, dass auch er der Ansicht
ist, die meisten Schädelformen seien durch Pressung der
Köpfe der neugeborenen Kinder entstanden. Weitere Betrachtungen knüpft er nicht an die Unterschiede im Schädelbau. Länger ist bei seinem zweiten Werke zu verweilen, das die
Unterschiede zwischen dem Neger und dem Europäer enthält.

Die Ergebnisse seiner Untersuchungen sind folgende [1]:

„Die Hautfarbe wurde bisher fast allein zur Unter-
scheidung der Menschenrassen benützt. Das ist falsch.
Schon Camper (siehe später) tadelt an Rubens,
v. Dyk, Jordaens und anderen, dass sie nicht
„Mohren", sondern schwarze Menschen gemalt hätten."
Herr v. Haller [2] sagt:

„Der Mohr hat ausser anderen Verschiedenheiten
dicke Lippen, eine gedrückte Nase, so dass man ihn
leicht an einer Statue, ohne die Farbe zu Hilfe
zu nehmen, erkennen kann."

Die Form der Nase, welche eingedrückt ist, oder wie
Sömmering sagt, „plattgeschlitzt", muss nicht stets, wie
man früher glaubte, erst künstlich verunstaltet sein. Das
lehrt die Betrachtung von Embryonen.

Ein Hauptunterschied des Negers vom Europäer
besteht also in der Form der Nase. Ausserdem ist der
Gesichtsteil des Schädels im Verhältnis zum Hirnteil beim
Neger grösser als beim Europäer, das for. occ. magn. ist
beim Neger grösser und „die an ihm liegenden Gelenk-
pfannen befinden sich mehr vorwärts."

Von vorn betrachtet erscheint der Schädel in der
Mitte und oberhalb gleichsam zusammengedrückt und ge-
schärfter, und die Gehirnhöhle auch in der Quere enger,
sowie die ganzen Seitenknochen (ossa parietalia) kleiner,
als sie bei Europäern sind!

Der Kopf des Asiaten hat die grösste Breite, der des

---

[1] Sömmering „Über die körperliche Verschiedenheit des
Negers vom Europäer" Frankfurt und Mainz 1785.
[2] v Haller, Clem. Physiologiae, Lib XII. Sect. I §14 Tom 5 p. 23.

4

Europäers die mittlere, der des Afrikaners die kleinste.

Die Lineae semicirculares des Negers sind kräftig und gehen hoch hinauf; das ist, ebenso, wie das stärkere Hervortreten der Jochbogen, auf die Einwirkung des kräftig entwickelten „Beismuskels" (musc. Temp.) zurückzuführen.

Die Orbita ist grösser, die ossa nasalia flach aneinander gelegt, die apert. pyrif. auffallend gross, ebenso die äussere Öffnung des Meatus auditorius.

Der harte Gaumen ist länger und an dem unteren Teile rauher. Die Choanen sind sehr gross, die proc. pterygoidea stehen weit auseinander, sind stärker, breiter und rauher.

Der Oberkiefer ist weit vorgeschoben, die spina nasalis fehlt ganz oder ist nur sehr schwach entwickelt.

For. incisivum sowie For. et canalis infraorbitalis ist grösser und beträchtlicher. Die Fissura spheno-maxillaris ist verhältnissmässig weiter, die proc. ensiformes des Keilbeines kürzer.

Der Unterkiefer ist höher, dicker und rauher, der Winkel nähert sich mehr als beim Europäer einem Rechten. Vorn, zur Seite und am Ende ist er kurz. Die Zähne sind breit, stark, dick und lang, vorzüglich die Schneidezähne und alle stehen eng beisammen.

Sömmering nahm auch zwei Maasse am Schädel, „um die Grösse der Gehirnhöhlen zu vergleichen".

Er misst:

1.) Nasenwurzel über Stirnbein nach der Richtung der Pfeilnaht bis Opistion und findet: beim Neger geringer als beim Europäer.

2.) Horizontalumfang über die Augenbrauen und den höchsten Punkt der Squama temporalis, mit demselben Resultat.

Bei Gelegenheit der Besprechung des For. occ. magn. greift Sömmering zurück auf eine 21 Jahre früher erschienene, sehr interessante Arbeit Daubentons [1]). Dieser fand, dass,

---

[1]) Daubenton sur les différences de la situation du grand trou occipital dans l'homme et dans les autres animaux. Mém. de l'Acad. des sciences de Paris 1764.

im Gegensatz zu den übrigen Tieren „le trou occipital de l'homme est situé un peu près au centre de la base du crâne."

Sömmering fand den gleichen Unterschied zwischen dem Neger- und Europäerschädel.

„Wenn man einen Mohrenschädel ohne Unterkinnlade auf eine ebene Fläche legt, so liegt er so sehr hinten auf, dass die Zähne die Fläche nicht berühren, sondern um mehr als eine Linie höher gehoben werden" im Gegensatz zum Europäerschädel.

Nach allen seinen Untersuchungen kommt Sömmering zu dem Schlusse, der Neger sei gerade so gut ein Mensch wie der Europäer, nur stehe er physisch tiefer, dem Affen näher. Damit im Zusammenhang stünde dann auch eine psychisch niedrigere Stellung, gerade so wie es auch unter den Europäern weniger begabte Individuen gäbe.

Die Arbeit Sömmerings wurde viel angefeindet. Vor ihm hatte man gesagt, die Neger seien zwar auch Menschen, aber eine andre Art von Menschen, als wir. Nun erklärte Sömmering, sie wären Menschen wie wir, doch neigten sie mehr zu einer affenähnlichen Bildung. Diese letztere Behauptung griff man sofort auf, sie wurde, wohl auch mit Absicht, falsch verstanden. Dafür nur ein Beispiel: In Köln wurden damals die Reliquien der hl. 3 Könige gezeigt, von denen ja einer ein „Mohr" war. Die Geistlichkeit behauptete nun, Sömmering habe diese religiösen Gebräuche verspotten wollen, denn er habe erklärt, einer der hl. 3 Könige sei ein Affe gewesen. Im „Journal des gens du monde" Nr. 77 p. 310 wird er bezeichnet als „un ignorant, un homme, qui n'a point de logique, qui ne s'est jamais donné la moindre peine pour étendre l'art, qu'il enseigne."

Betrachten wir nun, was Sömmering erreicht hat, so müssen wir zugeben, dass seine Arbeiten einen grossen Fortschritt bedeuten. Er hat als erster eine Reihe von typischen Unterschieden im Körperbau zweier verschiedener Rassen aufgestellt und ist damit eigentlich fast so weit wie wir heute sind. Unsere Methoden haben sich gebessert, wir verfahren vielleicht exakter als Sömmering verfahren konnte, aber auch wir erhalten Resultate, die von den seinigen kaum verschieden sind. So wenig wie ihm ist es uns möglich, auch nur einen Unterschied festzustellen, an dem wir ohne weiteres die Rassenzugehörigkeit eines Schädels konstatiren können.

Einer der wichtigsten Abschnitte in der Geschichte der Schädellehre ist der, der sich mit den Gesichtswinkel beschäftigt.

An jedem Schädel sind zwei physiologisch scharf getrennte Teile zu unterscheiden: das Gehirnteil und der Gesichtsteil. Der Gehirnteil, die eigentliche Schädelkapsel, schliesst das Organ der geistigen Thätigkeit, das Gehirn ein, und an ihm hängt gleichsam das Gesicht mit den äussern Sinnesorganen und den Kauwerkzeugen. Es stehen sich also eigentlich unter der Form von Schädelkapsel und Gesicht die Begriffe: Intelligenz und Kaugeschäft gegenüber. Zweifellos muss hier eine wechselseitige Einwirkung stattfinden. Die höhere Entwicklung der geistigen Fähigkeiten wird eine Vergrösserung der Schädelkapsel und ein Zurücktreten der Kauwerkzeuge im Gefolge haben und so weiter.

Das musste schon frühzeitig auffallen, ganz besonders bei der Betrachtung tierischer Schädel, bei welchen ja die zum Kauapparat gehörigen Teile des Schädels mächtig entfaltet sind und der Gehirnteil ganz besonders zurücktritt. Auch bei dem Menschen wird man, natürlich ungleich schwächer ausgeprägte Unterschiede in dieser Beziehung finden und so kam man allmählich darauf, diese Verhältnisse genauer zu studiren, vor allem durch Zahlen zu fixiren.

Hier ist als erster Bonn[1]) zu nennen, der 1783 einen Gesichtswinkel aufstellte: „Linea a fronte ad nasi mucronem aut ad commissuram labiorum in viro et ad oram praesepiolorum maxillae superioris anteriorem in Sceleto,

---

[1]) Bonn, descriptio Thesauri ossium morbosorum, Hovii 1783.

cum alia per fondum narium ad foramen auditorium
externum ducta, ad anculum acutum 70° convenit.·

Untersuchungen über den Gesichtswinkel wirklich
allgemein eingeführt zu haben, ist das Verdienst Campers.
Camper's Winkel ist im Grund derselbe, wie der Bonns.

Camper[1]) zieht eine gerade Linie durch die Öffnung
des Gehörganges bis zum Boden der Nase und eine andere
von der höchsten Hervorragung des Stirnbeines (unserem
„Inion·) bis zum Alveolarrand. In diesem Winkel glaubte
Camper ein Maass gefunden zu haben, durch das sich der
Unterschied von Menschen und Tieren, sowie auch der
Unterschied menschlicher Rassen genau feststellen liess.

Der Winkel vergrössert sich, wie er sagt, je nachdem
die Tiere sich der menschlichen Gestalt mehr nähern.«

Der Winkel beträgt nach Campers Angaben:

Bei Affen   42°- 50° -58°
Bei Negern und Kalmücken   70°
Bei Europäern   80°
Beim griechischen Ideal   90° -100°

Betrachten wir Campers Messmethode, so werden wir ohne
weiteres einsehen, dass die eine der beiden Linien durch
welche er den Gesichtswinkel bestimmt haben will, nicht
angegriffen werden kann: die Linie Inion-Alveolarrand.
Jedenfalls kann sie nur ganz geringen Modifikationen unterworfen sein.

Anders dagegen ist es mit der zweiten Linie;
Alveolarrand-meatus auditorius. Hier lässt er sich leichter
angreifen und hier setzten auch sehr viele andere den
Hebel an. Welche zweite Linie soll bei der Messung des
Gesichtswinkels in Betracht kommen oder mit anderen
Worten: Was müssen wir als Horizontale des Schädels
betrachten?

Die Darstellung der Frage nach der Horizontalebene
würde wohl allein ein Buch füllen. Hier seien die wichtigsten

---

[1]) Camper, über den natürlichen Unterschied der Gesichtszüge
in Menschen verschiedener Gegenden und verschiedenen Alters
Berlin 1792.

Horizontallinien, die im Laufe der Zeit aufgestellt wurden,
kurz dargelegt.

Topinard[1]) führt 15 Ebenen auf, die nach einander
als Horizontalebenen vorgeschlagen wurden.

1.) Die Ebenen von Bell und Busk. Bell sucht die
natürliche Axe des Schädels festzulegen durch einen
Zapfen, der durch das For. occ. magn. geht und sich
grade unter dem Vertex an die Decke der Schädelwölbung lehnte und so den Schädel an diesem Punkt im
Gleichgewichte hielt.

Busk wählte eine Ebene, die durch die beiden
Gehörgänge geht und durch das Bregma.

Die gesuchte Horizontale ist natürlich die darauf
senkrecht stehende Ebene.

Die übrigen Forscher nehmen direkt eine Horizontalebene an.

Es sind hier zu nennen:

2.) Die „Kauebene" welche durch die Zahnlinie
bestimmt ist.

3.) Die bereits erwähnte Ebene Campers.

4.) Die Gaumenebene Barclays oder diejenige
Ebene, welche durch den harten Gaumen bestimmt wird.

5.) Die Ebene Blumenbachs. Sie wird dargestellt
durch die Tischebene, auf welcher der Schädel ohne Unterkiefer im Gleichgewicht liegt.

6.) Die Ebene von Baer, die dann 1861 auf dem
Göttinger Kongress angenommen wurde. Sie ist bestimmt
durch den Verlauf des oberen Randes des Arcus zygomaticus.

7.) Die Ebene von Merkel, gegeben durch eine
Linie, die bestimmt ist durch den Mittelpunkt des Gehör-
ganges (welchen niemand feststellen kann) und dem unteren
Rande der Orbita.

8.) Die Ebene Daubentons durch das Opistion und
den unteren Rand der Augenhöhlen.

9.) Die Ebene Hamy's: Glabella-Lambda.

---

1) Topinard, Anthropologie. Übersetzt von Neuhauss.
Leipzig 1888.

10.) Die Ebene, welche durch die Glabella und den Maximaloccipitalpunkt geht, in welcher also der Längsdurchmesser des Schädels liegt.

11.) Die Ebene von Rolle, bestimmt durch eine Linie vom Mittelpunkt des Meatus auditorius externus zum Alveolarpunkt.

12.) Die Ebene Nasenwurzel-Inion.

13.) Die Ebene von Aeby durch die Nasenwurzel und das Basion.

14.) Die Ebene Nasenwurzel-Opistion.

15.) Broca's Ebene Alveolen-Gelenkknöpfe.

Topinard fügt noch die Abbildung eines Schädels bei, in welche alle diese Horizontalen eingetragen sind. Die Figur stellt einen kreuz und quer von Linien durchschnittenen Schädel dar, unter denen man nach Belieben wählen kann.

Die Resultate, die sich dabei für die Messung des Prognathie ergeben, stehen selbstverständlich himmelweit auseinander und jeder der Erfinder der Horizontalebenen wird allein die seinige für richtig halten. Wir haben ja heute eine wirkliche Horizontalebene, d. h. eine gleichsam legitime, nämlich die durch die Frankfurter Verständigung vorgeschriebene. Sie ist bestimmt durch die beiden oberen Ränder der Gehörgänge und die beiden unteren Ränder der Augenhöhlen — nach dem Wortlaut der „Frankfurter Verständigung." Diese Ebene ist also sogar durch vier Punkte bestimmt! Wenn man nun auch in der Praxis allmälig zu dem von Mathematikern bereits vorher aufgestellten Gedanken, dass nur 3 Punkte in einer Ebene liegen müssen, zurückgekehrt ist und bei Messungen mit Rankes Kraniophor nur den unteren Rand einer Augenhöhle bestimmt, so ist doch die Wahl des Orbitalrandes dem Einzelnen überlassen und es können sich, da die Orbitalränder wegen der sehr oft mangelnden Symmetrie des Schädels meist nicht gleich hoch liegen, doch hier ziemliche Differenzen ergeben, die zwar an sich wohl nicht bedeutend sind, aber bei dem Kampf um den Millimeter

doch in Betracht kommen. Davon, dass fast alle die
früheren Horizontalebenen nur durch e i n e Gerade bestimmt
sind, will ich nicht weiter sprechen.

Welche von allen diesen Ebenen hat nun wohl die
meiste Berechtigung? Jedenfalls diejenige, welche von der
Idee ausgeht, der Kopf befindet sich in seiner natürlichen
Lage, wenn die Seh-Axen nach dem Horizont gerichtet
sind. Dieser Gedanke liegt Broca's Ebene, Alveolen-
Gelenkknöpfe, zu Grunde. Dieselbe weist auch noch drei
andere Vorzüge auf; erstens ist sie leicht zugänglich, jeder
Schädel kann ohne Weiteres nach ihr orientiert werden·
Zweitens ist sie durchschnittlich bei den verschiedenen
Rassen der Ebene des Blickes wesentlich parallel und
drittens weist sie das Minimum individueller Schwankungen,
das man erwarten kann, auf.

Eine Tabelle soll zeigen, um wie viele Grade sich
die Ebene in Bezug auf die Blickebene hebt ( ) oder
senkt (--), und die zweite, welche Maximalschwankung die
individuellen Variationen ergeben.

Ebene	Mittel	Maximalschwankungs-differenz
Alveolen — Gelenkknöpfe	-- 0.85	12 65
Hamy	+ 0.97	23 65
Busk	— 1.81	19.61
Kauebene	÷ 3.85	20.21
Camper	⊥ 1.68	19 68
Barclay	+ 5.18	23.09
Blumenbach	+ 6.09	22.55
Baer	- 6.51	17.·_
Merkel	7.96	17.49
Glabella Maximal Occipitalpunkt	- 12.96	20.81
Daubenton	15 11	16.51
Rolle	+ 15.81	18.52
Nasenwurzel-Inion	15 88	24.84
Nasenwurzel-Opistion	— 25.7 ·	17.89
Aeby	·— 31.26	16.38.

Nächst Brocas Ebene wären also die von Hamy und
Busk die besten.

Die Horizontalebene ist natürlich auch für andere
Maasse als für den Gesichtswinkel von grosser Wichtigkeit,

doch glaubte ich dieselbe hier erledigen zu müssen, da der Gesichtswinkel ja durch ihre verschiedene Lage in hohem Grade beeinflusst wird.

Doch zurück zum Gesichtswinkel. Ich habe Campers Methode, denselben zu messen, dargestellt.

Herder[1]) führte später aus, dass damit das Verhältniss des Geschöpfes zur horizontalen und perpendiculären Kopfstellung und Bildung gegeben sei und führte so das Ganze auf den physischen Grund zurück.

Bereits 1795 stellte Geoffroy St. Hilaire einen anderen Gesichtswinkel auf, der jedoch bald wieder aufgegeben wurde, weil es sehr schwer war, ihn bei Tieren zu messen. Die Gesichtslinie Campers wurde beibehalten, die Horizontale jedoch wurde schräg und führte vom Gehörgang zum Alveolarrand, wo der Scheitel des Winkels lag. Virey stellte 1800 nach dem Gesichtswinkel Campers 2 Menschenarten auf, nämlich:

I. 85—90°.

    a) die weisse Rasse (indo-arabische und celto-Kaukasische).

    b) die gelbe Rasse (chinesische, kalmückische, mongolische, lappländische und ostjakische).

    c) die kupferfarbige Rasse (amerikanische und karaibische.)

II. 75 85°.

    d) dunkelbraune Rasse (malaische od indische).

    e) schwarze Rasse (Kaffern, Neger) und die schwärzliche (Hottentotten, Papuas).

Diese Einteilung ist zweifellos, besonders im Vergleich mit früheren Versuchen, ganz gut und wir dürfen in ihr wohl einen Fortschritt erblicken.

Die Einteilung Cloquets vom Jahr 1821 ist als ein Compromiss zwischen Camper und Geoffroy St. Hilaire zu betrachten.

---

1) Herder. Ideen zur Philosophie der Geschichte der Menschheit.

Seine Gesichtslinie berührt oben wieder die vor-
springendste Stelle des Gesichtes, führt aber zu dem oberen
Alveolarrand.

Von hier als dem Scheitel des Winkels geht die
Horizontale schräg durch den Meatus auditorius externus.

Prichard[1]) stellte selbst keinen neuen Winkel auf,
jedoch wandte er 1810 zum erstenmal den heute allgemein
eingeführten Ausdruck „Prognath" für das Hervortreten
des Gesichtsteiles des Schädels an.

Ebenso wenig brachte Retzius, von dem der Ausdruck „orthognath"[2]) stammt, einen neuen Winkel.

Der vierte Gesichtswinkel ist der Jaquarts. Seine
eine Linie ist die Gesichtslinie Campers, die an der
spina nasalis endigt, die andere ist dessen Horizontale, die
aber ebenfalls zur spina nasalis geht, welche also den
Scheitel des Winkels bildet. Diese vier Winkel zeigen im
Grossen und Ganzen die Entwicklung der Ansichten von
der Prognathie und Orthognathie. Sie wurden von anderen
vielfach modifizirt und umgearbeitet, aber jeder Spätere
geht von ihnen aus.

Ich kann hier nicht auf Detailfragen eingehen, sondern
will gleich eine vorzügliche Untersuchung Falkenstein's[3])
aus dem Jahre 1877 wiedergeben, welcher die sämmtlichen
Winkel mit einander verglich und ihren Wert festzustellen
suchte.

Falkenstein maass die folgenden Winkel an den
gleichen Schädel.

    1) Virchows Winkel:
        Horizontale: Spina nas. ant. — Mitte des for.
        audit. ext.
        Profillinie: Spina nas. — Nasenwurzel.

---

[1]) Prichard, Naturgeschichte des Menschengeschlechtes 1810.

[2]) Retzius, über die Form des Knochengerüstes des Kopfes
bei den verschiedenen Völkern. Müllers Archiv. Berlin 1818.

[3]) Falkenstein, über die Anthropologie der Loango-Be-
wohner. Vhdl. der Berliner Gesellsch. f. Anthropol., Ethnol und
Urgeschichte. Berlin 1877 p. 170 ff.

2) Ders. modifizirt:
Horizontale: Mitte des proc. alveol.   Mitte des for audit. ext.
Profillinie: Mitte des proc. alveol.   Nasenwurzel.

3. Jheringscher Profilwinkel:
Horizontale: Unterer Orbitalrand.   Mitte des for. aud. ext.
Profillinie: Mitte des Alveolarforts.   Nasenwurzel.

4. Falkenstein:
Horizontale: Verlängerte Verbindung des Basion und Opistion.
Profillinie: Mitte des Alveolarfortsatzes.   Nasenwurzel.

5. Camper:
Horizontale: Unterer Rand der Apertura pyrif. - Mitte der For. audit. ext.
Profillinie: Faciale Tangente an die beiden vorspringendsten Punkte (Inion und dentes incisivi),

6. Jules Cloquet:
Horizontale: Alveolarrand. — Mitte des for. audit. ext.
Profillinie: Alveolarrand. — Hervorragenster Punkt der Stirne.

7. Geoffroy St- Hilaire:
Horizontale: Spitze der Dentes incis. — Mitte des for. audit. ext.
Profillinie: Spina nas. ant.   Glabella.

Nach Falkenstein ist der Wert des Winkels um so grösser, je weniger die einzelnen Resultate schwanken. Es ergab sich:

	Max.	Min.	Diff.
Nr. 1	79.9	64.0	15.9
„ 2	72.7	60.0	12.7
„ 3	90.9	76.2	14.7
„ 4	91.0	72.5	18.5

Nr. 5   76.7   70,0   6.7
_ 6   70.9   62.4   8.5
_ 7   65.6   57.8   7.8
_ 8   83.4   66.4   17.0

Es ist also, wie es scheint, der Winkel Campers der beste, nächst ihm Geoffroy St. Hilaire und Cloquet. Betrachten wir aber die Curven, die er aufgestellt, so zeigt sich zwar bei Camper und Geoffroy St. Hilaire ein ziemlich ruhiges Bild, ohne exzessive Steigung und Senkung, doch ist dasselbe, wegen des Mangels der Schneidezähne, welche die Messung unmöglich machen, sehr lückenhaft.

Beide Winkel wären also aus diesem Grunde auszuschliessen.

Bei den noch übrigen, die Stirn mit in Betracht ziehenden Winkeln, befinden sich im mittleren Teil der Kurve gleich viele Werte, die Cloquetsche ist jedoch symmetrischer, sie zeigt nicht die excessiven Höhen und Tiefen, welche die Jaquarts aufweist. Ihr ist also der Vorzug zu geben.

Von der zweiten Winkelgruppe, welche die Profillinie an der Nasenwurzel beginnen lässt, kann der Neigungswinkel wegen seiner unregelmässigen Werte sofort ausgeschieden werden, aber auch der v. Thering'sche verfällt diesem Schicksal, denn wenn auch 17 Stationen in der Mitte der Curven liegen, so sieht man doch dazwischen viele hoch darüber und tief darunter gehende Spitzen.

So bleiben noch der Virchowsche und der modifizirte Virchowsche Winkel, der eigentlich zugleich ein modifizierter Cloquet'scher ist, da er die Mitte zwischen beiden hält. Es scheint, wir müssen uns für den modifizierten Winkel entscheiden, sowohl wegen der geringeren Schwankungen, in den Maximal- und Minimalwerten und der regelmässigen Kurven, als auch weil die Spina nas. veränderlich ist und verschiedene Werte geben kann. Er ist auch dem Cloquet'schen vorzuziehen, weil der Alveolarrand durch sehr oft defekten Zustand diese Winkel-

messung unmöglich macht und der hervorragendste Punkt
der Stirn Schwankungen unterworfen, also ungenau ist.
Die Mitte des Alveolarfortsatzes, die Mitte der Ohröff-
nung und die Nasenwurzel sind dagegen fast mathematisch
genaue Punkte.

Soweit Falkenstein. Jedenfalls ist der Gesichtswinkel nach allen bisherigen Erfahrungen eines der brauch-
barsten Maasse. Inwieweit er dazu dienen kann, Rassen-
unterschiede festzustellen, das will ich erst im dritten
Teile der Arbeit klarzulegen versuchen.

Fassen wir das bisher Gesagte zusammen, so ergibt
sich: Sömmering wies darauf hin, dass der Schädel bei
Rassenuntersuchungen vor allem in Betracht zu ziehen sei
und Camper stellte von den allgemeinen Gesichtspunkten,
die bei der Betrachtung desselben massgebend waren,
einen in den Vordergrund. Ihm erscheint es von besonderer Wichtigkeit den Schädel in der Seitenansicht zu
betrachten, wobei das Vorspringen oder das Zurücktreten
des Gesichtsteiles in's Auge fällt.

Campers Methode bietet insoferne einige Schwierigkeiten, als dabei einige, wenn auch nur ganz geringe anatomische Kenntnisse verlangt werden. Darum wurde erst
durch seinen Nachfolger Blumenbach die Schädellehre
eigentlich populär gemacht. Seine Untersuchungen stützten
sich auf die Norma verticalis, die Betrachtung des Schädels
von oben. Die Betrachtung der Norma verticalis war
aber ich füge das gleich hier ein, um ein Missver-
ständniss zu vermeiden durchaus nicht das Einzige,
was er verlangte, nur war sie das, was am meisten in die
Augen sprang und daher sofort aufgegriffen wurde. Im
Gegenteil verlangt gerade er eine genaue anatomische
Untersuchung des Schädels, er will alles in Betracht
gezogen wissen.

Ich will nun dazu gehen, über Blumenbachs Arbeit[1])

1) Blumenbach „über die natürlichen Verschiedenheiten im
Menschengeschlecht" nach der dritten Ausgabe übersetzt von
J. G. Gruber. Leipzig 1798

einen vollständigen Überblick zu geben. Ich halte das bei der grossen Bedeutung des Forschers für unumgänglich notwendig.

Das Material, von dem Blumenbach ausging, war Folgendes:

82 Schädel.

4 Embryonen (Zwillinge der kaukasischen Varietät, durch ausserordentliche Schönheit sich auszeichnend, ein Foetus eines Kalmucken aus Orenburg, m. Geschlechtes, 3 Monate alt und der Foetus eines Negers von 5 Monaten),

20 „merkwürdige Handzeichnungen, welche alle von einem ungemeinen Künstler mit ganz unvergleichlicher Kunst und Geschmack und einer Ähnlichkeit zum Sprechen gemalt sind.'

Er ist überzeugt, dass „ein solcher Apparat, besonders, wenn man ihn immer mit der genannten Hirnschädelsammlung zusammenhält, zu den ersten, vorzüglichen untrüglichen Quellen des Studiums der Anthropologie" gehört.

Bei den Schädeln sind 3 von Kindern und 2 „die einst im Kindesalter durch besondere Künsteleyen verunstaltet sind.'

Blumenbach stellt 5 Rassen auf:

1. Die erste Rasse ist charakterisiert durch ein ziemlich gerades Gesicht mit nicht zu stark hervorspringenden einzelnen Teilen. Flache Stirn, schmale, leicht gebogene Nase mit einem manchmal etwas erhöhten Rücken. Die Wangenbeine sind nicht sehr vorstehend, der Mund klein, mit einer sanft geschwellten Lippe, was besonders von der Unterlippe gilt. Volles, gerundetes Kinn.

Das ist die allgemeine, nach unserem Urteil von Symmetrie, die schönste und wohlgebildete Gesichtsform. Sie ist gleichsam die Mittelform, welche nach beiden Seiten hin durch Entartung in die entgegengesetzten Extreme übergegangen

ist, wovon das eine ein in die Breite gezogenes;
das andere ein nach unten verlängertes Gesicht
darstellt.

Beide erhalten zwei verschiedene Unterarten,
welche sich hauptsächlich im Profil von einander
unterscheiden: bei der einen dieser Unterarten
ist nämlich die Nase und die übrigen Teile
nicht so regelmässig und fliessen gleichsam in
einander. Bei der anderen aber sind sie gleichsam von einander abgeschnitten und winkelig
hervorspringend.

A. Zwei mit in die Breite gezogenen Gesichtern:

2. Ein breites und zugleich plattes Gesicht also
mit minder von einander gesonderten, gleichsam
in einander fliessenden Teilen.

Die Glabella ist sehr breit.

Stumpfe Nase. Fast runde, seitwärts erhobene
Backen. Eng geschlitzte, linienförmige Augenlider (yeux brides) hervorstehendes Kinn.

Diese Gesichtsbildung haben die Mongolen-
ähnlichen Völker

3. Ein zwar breites Gesicht mit sehr vollen Backen,
aber nicht flach und platt, sondern en profil
gesehen von ausgearbeiteten, gleichsam tiefer
ausgegrabenen Teilen.

Kurze Stirn, tiefer liegende Augen. Die
Nase ist zwar etwas stumpf, aber doch hervortretend.

Dies ist das Gesicht der meisten Amerikaner.

B. Zwei nach unten verlängerte Gesichtsvarietäten:

4. Ein schmäleres, unten hervorstehendes Gesicht,
kleine, höckerige Stirn, hervorragende Augen
(à fleur-de-tête), dicke und mit den vorstehenden
Backen gleichsam zusammenfliessende Nase (le
nez éparé) Wulstige Lippen, besonders Unterlippe, hervorragende Kiefer, zurückgezogenes
Kinn. Dies ist die Gesichtsbildung der Neger.

5. Ein etwas breiteres Gesicht, doch unterwärts etwas herausstehend, im Profil gesehen aber mit hervorspringenden und von einander abgesonderten Teilen. Vollere, ziemlich breite, gleichsam ausgedehnte Nase mit dicker Spitze (englisch sog. „tottled nose") Grosser Mund.

Dies ist das Gesicht des malaischen Stammes, besonders der Südseeinsulaner. Soviel über die Einteilung Blumenbachs, welche bestrebt ist, möglichst alle Kennzeichen des Schädels in Betracht zu ziehen. Seine Classification lässt sich schematisch folgendermassen darstellen:

Neger Südinsulaner Europäer

Amerikaner Mongolen.

Blumenbach ist aber nicht damit zufrieden, die somatischen Merkmale der einzelnen Rassen festgestellt zu haben, er geht weiter. Und zwar fragt er zunächst nach der Entstehungsursache der verschiedenen Formen, oder, wie er sich ausdrückt, nach der „Ursache der Nationalgesichter."

Die darauf bezüglichen Bemerkungen müssen wir für ganz vorzüglich erklären, besonders, wenn wir den damaligen Stand der Wissenschaft, besonders auch andere Versuche, die Entstehung der menschlichen Rassen zu erklären, in's Auge fassen. Ich kann mir nicht versagen, hier die Erklärung von Gelpke[1]) über die Entstehung der dunklen Hautfarbe anzuführen, die in hohem Grade komisch ist. Er sagt: In allen Ländern, welche von Menschen mit dunkler Hautfarbe bewohnt werden, befindet sich viel Silber im Boden und ebenso Salpeter. Durch die Mischung und darauffolgende chemische Vereinigung beider entsteht Höllenstein. Derselbe durchdringt den ganzen Erdboden, wobei er natürlich auch zu den Wurzeln der Nahrungspflanzen gelangt, in denselben emporsteigt und sie vollständig durchsetzt. Isst ein Mensch eine solche Pflanze,

---

[1]) D. Ausg. Heinrich Chr. Gelpke, über das Urvolk der Erde oder das Menschengeschlecht vor Adam und dessen Abstammung von einem Menschenpaar. Braunschweig 1820.

so gelangt der Höllenstein in seinen Körper, der ebenfalls von der schwarzen Farbe nun ganz durchdrungen wird."

Das ist ungefähr 25 Jahre später als Blumenbachs Untersuchungen geschrieben und wir haben deshalb um so mehr Grund, die Verdienste des Altmeisters der Anthropologie hochzuschätzen.

"Als Ursache der physiognomischen Gesichtsbildung," sagt er, "kann man auch die Nahrung in Anschlag bringen (sanfte Mienen der indischen Brahminen und Banianen, die wilde Miene der menschenfressenden Botocuden in Brasilien). Die Religion hat Madonnengesichter hervorgebracht, wodurch sich besonders das weibliche Geschlecht in einigen Ländern des südlichen Europa auszeichnet.

Eine Hauptursache der Nationalgesichter ist aber das Klima, denn:

1. Das Nationalgesicht bei gewissen Völkern eines bestimmten Himmelsstriches ist gemeinsam und bei den Menschen verschiedener Stände und Lebensart immer dasselbe (z. B. Chinesen, welche alle ihr gleichsam, flaches Gesicht ebenso gut charakterisirt, als bei uns Europäern die Engländer und Majorkaner ihre symmetrische und ungemeine Schönheit).

2. Völker verändern ihr Gesicht, wenn sie in ein anderes Klima kommen. Die Jakuten werden z. B. von den meisten Geschichtsschreibern der älteren nordischen Geschichte als ein Zweig der Tartaren aufgeführt. Jetzt haben sie aber mongolische Gesichtsbildung.

Aehnlich ist es unter den Amerikanern beider kalten Zonen.

Die von englischen Eltern und Voreltern auf den Antillen entsprossenen Kreolen haben die natürliche Physiognomie der Engländer mit der charakterischen der amerikanischen Eingeborenen einigermassen vertauscht und haben die tieferen Augen und hervortretenden Backen derselben.

5

Indier: Die indische Halbinsel wurde von den verschiedensten Norden kommenden Völkern nach und nach unterjocht und immer scheint sich die Gesichtsbildung der neuen Ankömmlinge gleichsam nach dem Himmel umgewandelt zu haben. Auch die neuesten Eroberer Indiens, die Mongolen, haben seit Timors Zeiten viel von ihrer angeborenen Gesichtsbildung verloren und sich der indischen genähert.

Bei den Aegyptern 3 Gesichter: die einen den Negern, die anderen den Indiern ziemlich ähnlich und die dritten, in welche im Lauf der Zeit und durch Einfluss des spezifischen, Aegypten eigentümlichen Klimas, beide übergegangen sind: sie ist an dem schwammigen und schlappen Habitus, kurzem Kinn und hervortretenden Augen erkennbar.

3. Völker, welche für Zweige eines und desselben Stammes gehalten werden, bekommen unter verschiedenen Himmelsstrichen auch eine verschiedene nationale Gesichtsbildung, z. B. Ungarn und Lappen. Letztere haben eine den nördlichen Völkern eigentümliche Gesichtsbildung, die ersteren in der Nachbarschaft Griechenlands und der Türkei ein schönes Gesicht.

Allbekannt ist übrigens hiebei, dass auch der ehelichen Verbindung zwischen verschiedenen Völkern viel beizumessen ist.

Blumenbach wirft auch noch die Frage auf, warum die Gesichter der verschiedenen Völker sich unter dem Einflusse des Klimas abänderten.

Er sagt, diese Frage sei sehr schwer zu beantworten, doch wurden bereits früher derartige Versuche gemacht.

So schreibt Volney, (Voyage en Syrie et en Aegypte Th. I. p. 74) „wirklich beobachtet ist, dass die Züge der Neger genau jenen Zustand von Verziehung des Gesichts darstellen, welchen es annimmt, wenn es von dem Licht und den starken Strahlen einer Flamme geblendet wird. Die Stirn runzelt sich, die Wange zieht sich in die Höhe,

das Augenlid schliesst sich, der Mund wird aufgeworfen.
Diese Verziehung des Gesichts, welche in den nackten und
heissen Ländern der Neger unaufhörlich vorkommt, musste
endlich ihrer Physiognomie eigentümlich und charakteristisch
an ihr werden."

Dampier sagt über die Bewohner von Neuholland:
„Die Augenlider sind immer halb geschlossen, um zu ver-
hindern, dass die Mücken nicht in die Augen kommen.
Daher kommt es, dass sie, weil sie von Kindheit an von
diesen Insekten beunruhigt werden, die Augen niemals
öffnen wie andere Völker."

Leibnitz weist auf die Ähnlichkeit der Nationen
mit den das Land bewohnenden Tieren hin.

Marsden (History of Sumatra) sagt: „Einige Schrift-
steller haben bemerkt, dass gewöhnlich zwischen der Be-
schaffenheit und den Eigenschaften der einem Lande eigentümlichen Tieren und der eingeborenen Bewohner, wo eine
Vermischung mit Fremden ihren ächten Charakter nicht
vertilgt hat, eine Ähnlichkeit stattfindet. Die Malayen
können mit dem Büffel und dem Tiger verglichen werden;
in seinen häuslichen Zuständen ist er fühllos, träg und
wohllüstig, wie der erste und auf seinen Abenteuern hinter-
listig, blutdürstig und räuberisch wie der letztere. So
kann man den Araber seinem Kameel, den sanften Gentoo
seinem Schaf vergleichen."

Ausser dem Klima spricht dann Barbot (Churchill's
collection of voyages, Teil 5, p. 36) von der Lebensart:

„Man hat beobachtet, dass die Weiber von der
besseren Klasse, die nicht so harte Arbeit verrichten,
Kinder haben, deren Nasen nicht allgemein so platt sind,
als bei den anderen. Deshalb kann man vermuten, dass
die Nasen dieser armen Kinder dadurch gepletscht werden,
dass sie, so lange sie von ihren Müttern auf dem Rücken
getragen werden, immer von diesen beständig müssen
gestossen werden, wenn die Bewegung ihrer Arme oder
ihres Körpers einigermassen häufig ist.

Bei vielen Völkern (Neger, Brasilianer, Karaiben,

Sumatraner, Gesellschaftsinsulaner) wird die Nase der Neugeborenen mit Gewalt eingedrückt.“

Werfen wir nochmals einen Blick auf alles Gesagte,
so müssen wir zugeben, dass unter dem vielen Irrthum
doch auch ein Körnchen Wahrheit sich findet: Die
Gesichtsformen werden nicht als starr Gegebenes betrachtet,
als von der Natur für alle Zeiten unveränderlich Vorgeschriebenes, sondern Variabilität wird in den Vordergrund gerückt. Blumenbach ist mit allen den Autoren,
welche er zitiert, der Ueberzeugung, dass eine einmal vorhandene Schädelform abgeändert werden kann durch
Klima, Rassenmischung etc.

Nachdem nun Blumenbach seine 5 Rassen genau
charakterisiert hat, sagt er: „Im Allgemeinen finden sich
unmerkliche Übergänge zwischen den verwandten Schädeln,
aber dennoch ist eine unleugbare Beständigkeit der Charakter
vorhanden.“

Wie lassen sich aber nun diese Charaktere feststellen?
Camper's Gesichtswinkel verwirft Blumenbach, er
bezeichnet ihn als unrichtig aus folgenden Gründen:

1. Man kann dadurch nur Völker unterscheiden,
   welche hierin Unterschiede aufweisen, nicht aber
   solche, bei denen die Unterschiede in der Breite
   des Gesichtes liegen.

2. Zwei Schädel von verschiedenen Völkern haben
   oft gleichen Gesichtswinkel, zwei von gleichen
   Völkern verschiedenen Winkel. - Zum Beweis
   führt Blumenbach einen Kongoneger und einen
   Littauer an, die gleiche Gesichtswinkel haben,
   und zwei Negerschädel, die in diesem Punkte
   bedeutend von einander abweichen.

3. Camper bedient sich des Masses sehr unsicher
   und schwankt oft zwischen Punkten hin und her. —

Nachdem Blumenbach so mit Campers Gesichtswinkel abgerechnet hat, macht er selbst einen anderen
Vorschlag.

Er sagt: Man stelle die Schädel ohne Unterkiefer so auf, dass alle Jochbeine in einer Horizontalen liegen und betrachte sie dann von hinten.

Blumenbach nennt dies die „Scheitelform" und hebt hervor, dass dabei alles Charakteristische, die Richtung der Kinnladen und der Jochbeine, die Breite oder Enge der Hirnschale, die Flachheit oder Erhabenheit der Stirne etc. in's Auge fällt.

Durch diese Betrachtung lassen sich 5 Schädeltypen, entsprechend den oben wiedergegebenen Gesichtsformen der Rassen, auseinanderhalten:

1. Grosses Ebenmaass, sanft gerundete Form, mässig geebnete Stirn, engere Jochbeine, die nirgends hervorspringen und vom Jochfortsatz des Stirnbeines herablaufen Alveolarrand ziemlich rund, Vorderzähne in beiden Kiefern senkrecht.

2. Kopf viereckig, Jochbeine hervorstehend, Nasenvertiefung und Knochen der stumpfen Nase stehen mit den Jochbeinen fast horizontal, Augenbrauenbogen kaum merklich entwickelt, Nasenlöcher eng, Wangengrube nur leicht gehöhlt, Alveolarrand macht vorwärts einen flachen Bogen, Kinn ragt hervor. (Mongolen.)

3. Kopf schmal, seitl. eingedrückt. Stirn sehr uneben und höckerig, Jochbeine hervorstehend, Nasenlöcher weit, Wangengruben neben den Furchen am unteren Rand der Augenhöhle tiefer gehöhlt, Kinnbacken hervorstehend, Alveolarrand ist schmäler, länger und ovaler, die oberen Schneidezähne stehen schräg hervor, die Unterkinnlade ist gross und stark, der obere Hirnschädel dick und schwer. (Neger.)

4. Mittelform zwischen 1 und 2. Hat breitere aber doch gebogenere und gerundetere Wangen als 2, sie liegen nicht wie dort auswärts, und sind winkelig. Gewöhnlich tiefe Augenhöhlen

Form der Stirn und des Scheitels meist durch Kunst bewirkt. Hirnschädel leichter. (Amerika.)

5. Mittelform zwischen 1 und 3. Mässig verengte Hirnschale, etwas aufgeschwollene Stirn, keine hervorragenden Backenknochen, Oberkiefer etwas vorstehend, Scheitelbein nach den Seiten ausgebogen. (Südseeinsulaner.)

Blumenbach verbreitet sich dann auch sehr ausführlich über die Skolipädie und wendet sich direkt gegen Annahme von der Erblichkeit künstlich veränderter Kopfformen.

Blumenbach dehnt seine Untersuchungen noch viel weiter aus, ethnologische, somatische, soziologische und viele andere Punkte werden bei der Charakteristik der 5 Rassen mit herbeigezogen. Alle diese Momente sind jedoch als nicht in den Rahmen dieser Arbeit gehörig, füglich bei Seite zu lassen. Es kam hier nur darauf an, zu zeigen, dass Blumenbach als Erster eine scharf präzisirte Einteilung des Menschengeschlechtes auf Grund craniologischer Momente unternahm.

Seine Einteilung ist vorzüglich. Etwas anders ausgedrückt, besagt sie: Wir haben zwei scharf von einander zu trennende Typen: Mongolen und Neger. Alles Übrige sind Zwischenformen, verschwommen, ungenau fixirt. Das ist genau dieselbe Ansicht, die Ranke auf dem Kongress zu Basel 1868 ausgesprochen hat. Wir sind bis heute nicht weiter gekommen, als Blumenbach kam — das müssen wir uns zugestehen, wenn wir ehrlich sein wollen. Unsere Beobachtungen gehen seit einem Jahrhundert in die Breite, ohne an Tiefe zu gewinnen. Blumenbach ist der Begründer der Rassenschädellehre und wir sind heute noch da, wo er war, bei ihm könnte man auch gleich die Geschichte der Craniologie abschliessen, wenn man sie allein von qualitativen Gesichtspunkten aus schreiben wollte.

Noch in demselben Jahre, in welchem die deutsche Übersetzung von Blumenbachs Werk erschien, stellte

Lacépède[1]) vier Rassen auf, von craniologischen Gesichtspunkten ausgehend.

„Il y a quatre races principales, savoir: l'arabe européenne, la mongole, l'africaine et celle (encore innomée) que M. Doméril allait bientôt appeler hyperboréenne. L'auteur cherche à fonder la distinction de ces races sur les „caractères tirés des formes remarquables des parties solides." So sagt Geoffry St. Hilaire[2]), dem ich diese Notiz entnehme.

Nun trat eine sehr lang dauernde Ruhepause ein und erst 1822 erscheint wieder eine Arbeit von einiger Bedeutung. Rudolphi[3]) bekämpft in einem „Grundriss der Physiologie" die Anschauung von der Einheit des Menschengeschlechtes. Er stellt sogar in Abrede, dass die Möglichkeit der fruchtbaren Begattung verschiedener Rassen unter einander irgendwie als Beweis für die Einheit des Menschengeschlechtes in Anspruch genommen werden könnte. Er führt an, dass sich auch Ziegen und Schafe vermischen und dass Hellenius eine sardinische Rehkuh von einem finnischen Schafbock belegen liess, dass die Nachkommen fruchtbar waren und endlich wieder gemeine Schafe wurden.

Er stellte dann 4 verschiedene Menschenstämme auf, Europäer, Mongolen, Amerikaner und Neger. Aus diesen entstehen durch Mischung die übrigen, so z. B. die Malayen aus Mongolen und Hindus etc.

„Die vorzüglichste Abweichung unter den Menschenstämmen, sagt er, zeigt sich in der Gestalt des Kopfes, indem entweder alle Teile des Schädels, besonders die Stirn, stark ausgebildet sind, oder indem diese zurücktritt und die Seiten des Schädels zusammengedrückt werden. Ferner, indem die Kiefer oder die Jochbogen zurück oder vortreten. Alle diese Formen finden sich aber nicht erst

1) Lacépède. Discours d'ouverture d'un cours de zoologie au Muséum, Paris 1798.

2) G St. Hilaire, Classification anthropologique.

3) Dr. K. A. Rudolphi. Grundriss der Physiologie, Berlin 1821.

nach und nach ein, sondern sie sind schon beim Foetus
deutlich angelegt."

Rudolphi ist aber der Ansicht, es sei ganz falsch,
einen Untesschied allein, wie z. B. den im Schädelbau, als
massgebend zu betrachten, es müssten vielmehr alle möglichen Faktoren in Betracht gezogen werden.

Wie fest man damals schon von dem Vorhandensein von
„Rassenschädeln" überzeugt war, das möge der folgende
Pasus aus einem 1826 erschienenen Buche Vroliks[1]) zeigen:

„Depuis que le célèbre Camper a fixé son attention
sur la diversité des crânes de différentes nations, les
naturalistes se sont appliqués de toute partie, à recueillir
des objets propres à confirmer cette variété. Quoique le
charactère essentiel qui, d'après son opinion, devait
déterminer la différence observée et en servir de mesure,
ne se trouvât, point confirmé en tout point ou avoué par
tous les observateurs; la forme du crâne et da la partie de
la face, qui en dépend, offrait néanmoins tant de caractères
de différence qui sont particuliers, déterminés et fixés de
tels et tels peuples, qu' un naturaliste exercé ne pouvait
s'y tromper. Qui ne reconnait, au premier aspect, le crâne
d'un nègre et ne construit aussitôt, d'imagination, la face
et la forme entière du corps sur cette base osseuse."

Bereits ein Jahr später versuchte Bory de Saint-
Vincent[2]) die bisherigen Ansichten über die Menschenrassen zu stürzen, indem er 15 Rassen nach Form und
Farbe der Haare aufstellte. Ich unterlasse es natürlich
hier, die Rassen aufzuzählen. Es sei nur erwähnt, dass
die Arbeit in hohem Grade unwissenschaftlich und geschmack-
los ist, da der Verfasser sich bemüht, möglichst jeden
Satz durch ein Citat aus der Bibel zu belegen. Einen
ernsten Angriff auf die Craniologische Methode kann man
daher sein Werk wohl kaum nennen.

[1]) G. Vrolik, Considérations sur la diversité des bassins des
différentes races humaines, Amsterdam 1826.
[2]) M. Bory de Saint-Vincent. L' Homme. Essai zoologique
sur le genre humain. Paris 1827.

Die nächste bedeutendere Arbeit auf craniologischem
Gebiet ist die Webers[1]) aus dem Jahre 1830. Weber
stützt seine Rasseneinteilung, wie ein Vergleich ohne
weiteres lehrt, auf Blumenbach, wirft jedoch, wie schon
vor ihm Rudolphi, die fünfte, malaische Rasse desselben ab.

In einer früheren Abhandlung[2]) hatte derselbe
Forscher sehr treffend gesagt: „Ich glaube, dass es nicht
so feste Rassenschädel, als vielmehr bestimmte Formen
von Schädeln gebe, die sich bei allen Nationen, Völker-
stämmen u. s. w. wieder finden, nur mit dem Unterschied,
dass die eine Form in dem einen Stamme oder Lande
mehr, die andere weniger vorherrschend sei."

Weber stellt nun[3]) vier Urschädelformen auf. Seine
Methode der Untersuchung ist sehr einfach: er misst nicht,
sondern betrachtet den Schädel von seinen sechs Seiten
und urteilt dann nach dem allgemeinen Eindruck.

Die Urformen des Schädels sind: die ovale, die runde,
die vierseitige und die keilförmige.

1. Die ovale Form: der Hirnschädel ist nach vorne
   zu, d. h. an der Stirnseite mässig schmal, zu
   beiden Seiten gegen die Schläfen herauf verhältnissmässig breiter werdend, dann wieder
   etwas schmäler und zuletzt am Hinterhauptsbein
   in eine stumpfe Spitze auslaufend.

A. ovale Urschädelform.

B. rundovale Urschädelform.

2. Runde Urschädelform: Gehirnschädel niedrig,
   mehr breit und völlig kreisförmig, so dass der
   Schädel vorn, an den Seiten und am Hinterhauptsbein fast ganz gleichen Umfang und
   Rundung hat.

1) M. J. Weber, die Lehre von den Ur- und Rassenformen
der Schädel und Becken des Menschen. Düsseldorf 1830.

2) M. J. Weber. Über die Conformität des Kopfes und
Beckens. Bhdlg. der kaiserl. Leopold. Carolin. Akad. der Naturforscher Bd. 3. Bonn 1825.

3) Weber: Ur- und Rassenformen. S. o.

3. Die vierseitige Urschädelform: Vierseitig nenne
ich denjenigen Schädel, welcher von seinen verschiedenen Seiten und Flächen, d. i. von vorn,
von den beiden Schläfen und von hinten flach
und gleichsam eingedrückt ist. Der Gesichtsteil des Schädels ist dabei gleichfalls platt und
breit. Die Nasenknochen stehen mehr senkrecht
und entfalten sich mehr in die Quere als dach-
förmig. Ebenso sind die Kiefer seitlich entwickelt und somit breit. Die Konturen sind
mehr eckig und nicht so in einander ver-
schmolzen oder gerundet wie bei den rundlichen
Schädeln.

A. länglich viereckig, so dass der gerade Kopf-
durchmesser beträchtlich lang ist.

B. Fast würfelförmig, so dass der Längendurch-
messer und die Querdurchmesser des Kopfes
einander an Grösse sehr nahe kommen.

4. Keilförmige Urschädelform: Keilförmig nennen
wir diejenigen Schädel, welche länglich schmal,
gleichsam von beiden Seiten zusammengedrückt
sind. Die Oberkiefer sind besonders schmal,
ragen auffallend hervor und stehen mit ihren
Zähnen schief. Durch diese längliche schmale
Form des ganzen Schädels erscheinen dergleichen
Schädel wie ein Keil.

Sehr stark beeinflusst von dieser Arbeit ist Prichard[1]),
der allerdings das Ganze etwas modifizirt aber doch im
Grunde fast das Gleiche sagt. Seine Methode ist einfach.

Er betrachtet jeden Schädel, wie es schon Owen[2])
in der vorzüglichen Abhandlung über den Bau des Orang-

---

[1]) James Cowles Prichard. Naturgeschichte des Menschengeschlechtes. Nach der 3. Aufl. a. d. Engl. von R. Wagner.
Leipzig 1840.

[2]) R. Owen. Mem. on the osteology of Chimpanzee and
Orang-Utan. Zool. Transactions. Vol. I.

Utang und Chimpansen vorgeschlagen hatte, von allen
Seiten und beschreibt diese. Er kommt so dazu, drei
Hauptformen anzunehmen:

1. Die symmetrische oder ovale Form, welche die
   Europäer und Westasiaten zeigen. Bei diesen
   hat der Kopf eine rundere Gestalt als bei anderen
   Varietäten und die Stirn ist ausgedehnter, wärend
   die Kiefer und die Jochbogen so gebildet sind,
   dass das Gesicht eine ovale Form bekommt:
   sie bilden mit der Stirn und den Backenknochen
   fast eine Ebene und stehen nicht nach unten
   vor wie bei einigen anderen Varietäten des
   menschlichen Schädels. Die Backenknochen
   ragen weder nach aussen und seitwärts, noch
   nach vorn vor. Der Oberkiefer hat einen wohl
   gerundeten Alveolarfortsatz, dessen vorderer Teil
   eine perpendiculär herabsteigende Kurve bildet.
   Diese gibt den Vorderzähnen eine perpendiculäre
   und nicht eine vorstehende Richtung. Der Unterkiefer und seine Zähne korrespondiren damit.
   Da ich kein passendes Beiwort zur Bezeichnung
   dieser Schädelform finden kann, will ich sie
   die ovale Form nennen.

2. Der schmale und in die Länge gezogene Schädel, wovon das Cranium des Negers der Goldküste vielleicht das ausgezeichnetste Beispiel
   darstellt. Bei diesen Schädeln lassen sich die
   Haupteigentümlichkeiten auf die Annahme einer
   seitlichen Zusammendrückung zurückführen. Die
   Temporalmuskeln, welche eine grosse Ausdeh-
   nung haben, sehr an den Seitenwandbeinen
   hinaufreichen und sehr stark und kräftig sind,
   üben die Wirkung einer seitlichen Zusammendrückung und Verlängerung des Kopfes aus.
   Die Backenknochen ragen nach vorn und nicht
   nach aussen: der Oberkiefer ist verlängert und steht
   nach vorn vor: der Alveolarfortsatz und die Zähne

erhalten da durch dieselbe Richtung. Schon die
Form des Oberkiefers allein würde eine Vermin-
derung des Gesichtswinkels bewirken.

3. Der breite und viereckige Schädel, welcher den
turanischen Völkern eigentümlich ist. Die Mongolen liefern ein gutes Beispiel dieser Form,
welche bei den Eskimos in's Extrem ausartet.
Hier bildet das seitliche oder äussere Hervortreten des Jochbogens die auffallendste Eigentümlichkeit. Die Backenknochen stehen, unter
der Mitte der Augenhöhle anfangend, hervor
und wenden sich in einem grossen Bogen oder
Kreissegment nach rückwärts, indem das seitliche Hervortreten der Jochbogen so beträchtlich
ist, dass, wenn man sich eine von dem einen
zum anderen gezogene Linie als Basis denkt,
diese mit dem Gipfel der Stirn fast ein Dreieck
bildet. Die Augenhöhlen sind gross und tief,
der obere Teil des Gesichtes wird auffallend
eben und flach, da die Nase platt ist und die
Nasenbeine ebensowohl als die Zwischenräume
zwischen den Augenbraunen mit den Backenknochen fast eine Ebene bilden. Ich werde
diesen beiden Varietäten in der Form des Schädels folgenden Namen geben: der schmäleren,
verlängerten Form den der prognathen, wegen
des Vorstehens des Kiefers, und der mit breiten
Antlitz den der pyramidalen, wegen der Figur,
die der Kopf bildet, wenn man ihn von vorn
betrachtet.

Diese 3 Schädelformen betrachtet Prichard nicht
als Hauptklassifikationsmittel, sondern er nimmt noch sehr
viele andere Merkmale dazu, wodurch er sich dann veranlasst sieht, die gesammte Menscheit in 7 Rassen zu teilen:
Iranische, turanische, amerikanische (ausser Eskimos),
Hottentotten und Buschmänner, Neger, Papuas, Alfuren
und Australier.

Auf die 3 Schädelformen werden diese 7 Rassen so verteilt, dass die prognathe Form vorkommt bei Negern, Papuas und Alfuren, die ovale bei den Iraniern, die pyramidale bei Amerikanern, Turaniern und Hottentotten. Prichard führt hier zuerst den Begriff „Turanier" ein und versteht darunter „Nomadenvölker des nördlichen Asiens, welche in der Form ihres Schädels den Kalmücken gleichen."

Später hat sich der Begriff sehr verwischt und man rechnete alles Mögliche zu den turanischen Völkern, so dass der Spottvers entstand:

„Was man sich nicht erklären kann,
Das sieht man als turanisch an."

Prichard hat also der Begriff des turanischen noch genau fixirt.

Hatte Prichard sich bemüht, den Schädel als erstes und vornehmstes Classifikationsmittel in Anspruch zu nehmen, so versuchte Weerth[1], ihm jede Bedeutung in dieser Hinsicht abzusprechen. Er leugnet wohl nicht, dass einzelne Rassen bestimmte Schädelformen aufweisen, aber, sagt er, diese finden wir in anderen Rassen wieder, wenn auch vielleicht in nicht so grosser Anzahl. Er beruft sich hiebei vor allem auf Weber[2] der am Niederrhein eine Anzahl von Schädeln fand, die den Rassenformen der Amerikaner, Malayen, Mongolen und Aethiopiern entsprechen.

Eine ganz neue Klassifikation auf Grund der Schädelformen versuchte A. Zeune[3] im Jahre 1846. Er geht aus von dem Gedanken, die ersten Menschen seien entstanden auf den bedeutendsten Landhöhen. Solche gibt es im ganzen sechs, nämlich drei in der östlichen und drei in der westlichen Erdhalbkugel. In der östlichen Iran,

---

[1] C. Weerth, die Entwicklung der Menschenrassen durch Einwirkung der Aussenwelt. Lemgo 1842.

[2] Weber, Ur- und Rassenformen.

[3] A. Zeune, über Schädelbildung, zur festeren Begründung der Menschenrassen. Berlin 1846.

Turan und Sudan, in der westlichen das bolivianische, guianische und das apalachische Hochland.

In die nördlichen Länder setzt er dann Rassen mit hohen Schädeln, in die mittleren solche mit breiten und in die südlichen solche mit langen Schädeln.

Die Einteilung ist ganz verfehlt. Aus dem Schema, das er gibt und das unten folgt, geht dies nicht sofort hervor, da er die Völkerschaften, die zu den einzelnen Rassen gehören, nicht angibt. Setzt man jedoch die entsprechenden Völker ein, so ergibt sich das Verfehlte seiner Einteilung ohne Weiteres.

Das Schema ist Folgendes:

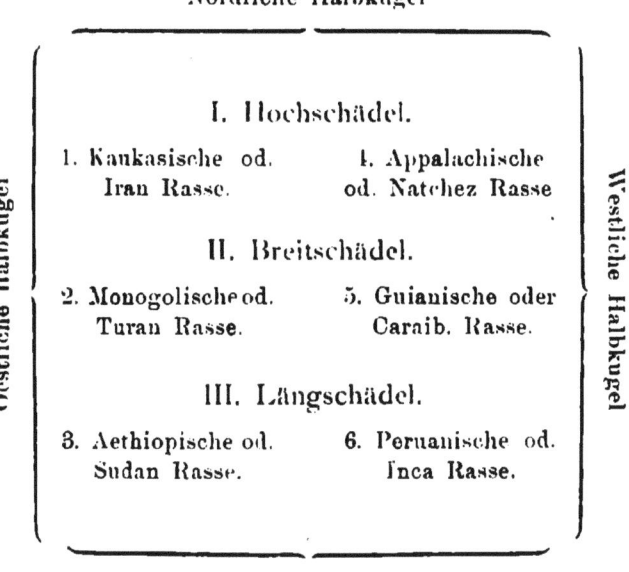

Nördliche Halbkugel

Oestliche Halbkugel

I. Hochschädel.

1. Kaukasische od.
   Iran Rasse.

4. Appalachische
   od. Natchez Rasse

II. Breitschädel.

2. Monogolische od.
   Turan Rasse.

5. Guianische oder
   Caraib. Rasse.

III. Längschädel.

3. Aethiopische od.
   Sudan Rasse.

6. Peruanische od.
   Inca Rasse.

Westliche Halbkugel

Südliche Halbkugel

Mit Retzius beginnt eine neue Epoche in der Ge-Geschichte der Schädellehre. Retzius ist der erste, der den Versuch machte, die rassenvergleichende Kraniologie in eine exakte Wissenschaft umzuwandeln, er führte eigentlich erst die Methode des Messens ein.

Zwei Maasse waren es, die er zur Aufstellung seiner 4 Rassen benützte: Der Längsbreitenindex und der Gesichtswinkel. Nach diesen unterschied er die folgenden 4 Menschenrassen[1]):

A. Dolichocephalae-orthognathae:

    I. Europa: Schweden, Norwegen, Dänen, Holländer, Deutsche, Engländer (Kelten), Franzosen, Irländer, Schotten, Belgier.

    II. Asien: Hindu, Georgier.

    Le type caucasique (n'est ni prognathe ni eurygnathe).

    Le type mongolique (est eurygnathe)

    III. Afrika: Nubier, Abessinier, Berber u. alte Guanchen.

B. Brachycephalae-orthognathae:

    I. Europa: Türken, die früheren Avaren in Ungarn, Lappen, Slaven, Basken.

    II. Asien: Buraten, Afghanen, Samojeden, Jakuten, Avaren, Finnen, Türken und Perser.

    III. Südsee: Togalen (?)

    IV. Amerika: Azteken in Mexiko, Chincas in Peru.

C. Dolichocephalae-prognathae:

    I. Asien: Chinesen, Japanesen.

    II. Südsee: Australier, Amboinesen.

    III. Afrika: Alle Negerstämme, Kaffern, Hottentotten, Kopten.

    IV. Amerika: Finnländer und Eskimos, Kaluschen, Tscherokesen, Tschippeways, Irokesen, Tschikkesah, Cayngas, Ollogamis, Pollovalamchs, Lennilenape, Blackfoot Indians.

    Südamerika: Botocuden, Karaiben, Guaranis, Aymaras, Huanchas, Süd-Patagonier.

D. Brachycephalae-prognathae:

    I. Asien: Kalmücken, Malayen.

    II. Südsee: Malayen, Otaheitier, Papuas.

    III. Amerika: Natchez, Creeks, Semiolen, Puchée, Klatstonie, Charrbuas, Puelches, Araucaner, Neuperuaner.

---

[1] A. Retzius, über die Form des Knochengerüstes bei verschiedenen Völkern. Müllers Archiv, Jahrgang 1848 (Berlin).

Im Ganzen schlug Retzius zwanzig Maasse am Schädel vor[2]; dieselben sind:

1. Grösste Länge: Diameter fronto occipitalis, Länge des Schädels von der Glabella bis zur grössten Konvexität des Occiput.
2. Stirnbreite: zwischen den vorderen Schläfengruben im Stirnbein.
   (Dieses Maass trifft ein unter dem Anfang der Linea sem. wo die Entfernung zwischen den vorderen Schläfengruben an beiden Seiten die kürzeste ist — vielleicht um die kleinste Stirnbreite näher zu treffen.
3. Grösste Breite: Der grösste Querdurchmesser, wo derselbe auch eintreffen möchte. entweder zwischen den tub.-pariet. oder vor oder hinter denselben.
4. Breite zwischen den tubera parietalia (nur wenn 3 nicht damit zusammenfällt).
5. Grösster Umfang (Der grösste Horizontal-Umfang gemessen mit dem Bandmaass längs der Oberfläche des Schädels über Glabella und Tuber occipitale.
6. Länge des Bogens vom Hinterhauptsloch bis zur Glabella. Wurde mit dem Bandmaass gemessen längs der Oberfläche des Scheitels von der Nasenwurzel bis zum hinteren Rand der For. occ.
7. Grösste Höhe. Vom vorderen Rand des Rückenmarkloches bis zum Scheitel.
8. Mastoidalbreite. (Breite zwischen den Basen der Warzenfortsätze).
   Das Maass wurde ziemlich hoch hinauf an den Proc. Mast. genommen und traf ungefähr in gleicher Höhe mit oder etwas unter der Höhe der Ohröffnungen ein. wenn der Schädel in der natürlichen Lage gehalten wurde.

[2] Retzius, ethnologische Schriften, Stockholm 1864.

9. Länge des Hinterhauptes.

10. Länge des For. occ. magn.

11. Breite des For. occ. magn.

12. Jochbreite des Gesichtes, zwischen der grössten Konvexität der Jochbogen.

13. Vordere Jochbreite (zw. den Wangenbeinhöckern).

14. Oberkieferhöhe (Höhe des Oberkiefers von der Nasenwurzel bis zum Alveolarrand.

15. Entfernung von der Spina nasalis bis zum Alveolarrand.

16. Breite des oberen Alveolarbogens in der Gegend des dritten Backenzahnes.

17. Höhe der Augenhöhlen.

18. Breite der Augenhöhlen.

19. Kinn-Höhe (Höhe des liegenden Astes des Unterkiefers am Kinn, vom Kinnrand bis zum Alveolarfortsatz.

20. Hintere Unterkieferhöhe (Höhe des aufsteig. Astes des Unterkiefers vom Gelenkknopf bis z. Winkel.

Die letzten Jahre bringen wenig Neues. Die nächste Klassifikation auf Grund craniologischer Thatsachen rührt her von Geoffroy St. Hilaire[1]). Ich habe oben bereits über seinen Gesichtswinkel gesprochen und will hier nur hinzufügen, dass er auf Grund desselben 4 Rassen aufstellt:

Le type caucasique (n'est ni prognathe ni eurygnathe)

Le type mongolique (est eurygnathe)

Le type éthiopique (est prognathe).

Le type hottentott (est à la fois eurygnathe et prognathe).

Man sieht, es sind wieder die drei Haupt-Rassen Blumenbachs, über die Keiner hinauskommt und mit sehr wenig Grund wurde noch, um nur etwas neu Scheinendes zu sagen, eine vierte hottentottische Rasse hinzugefügt.

---

[1]) Geoffroy St. Hilaire, Classification anthropologique. Paris 1860.

Etwas summarisch geht Huxley²) vor. Er sagt: Man ziehe auf dem Globus eine Linie von der Goldküste in Westafrika zu den Steppen der Tartarei: am südlichen und westlichen Ende dieser Linie leben die meisten dolichocephalen, orthognathen, kraushaarigen dunklen Menschen, die wahren Neger. Am nördlichen und östlichen Ende derselben Linie leben die meisten brachycephalen, orthognathen, schlichthaarigen, gelbhäutigen Menschen, die Tartaren und Kalmücken. Die zwisches beiden Enden dieser in rechtem oder beinahe rechtem Winkel gezogene Linie von Europa nach Südasien würde uns eine Art Aequator geben, (wenn man jene Linie als polar denkt) um welchen Rundköpfe, ovale und oblonge Köpfe, prognathe und orthognathe, helle und dunkle Rassen sich gruppieren, aber keine mit den so ausserordentlich ausgeprägten Charakteren der Kalmücken und Neger.

Huxley weisst darauf hin, dass diese Hauptunterschiede auch mit grossen klimatischen Extremen zusammenfallen und fährt dann fort:

Von Centralasien nach Osten, einerseits bis zu den Inseln der Südsee, andererseits bis nach Amerika, nimmt die Brachycephalie und der Orthognatismus allmählich ab um von Dolichocephalie und Prognatismus ersetzt zu werden. Dies findet jedoch weniger auf dem amerikanischen Festland statt (durch dessen ganze Länge ein runder Schädeltypus bedeutend, aber nicht ausschliesslich vorherrscht) als in den Südseegegenden, wo zuletzt auf dem australischen Festland und den umliegenden Inseln der lange Schädel, die vorstehenden Kinnladen und die dunkle Haut wieder erscheint, aber mit so grossen Abweichungen in anderer Hinsicht vom Negertypus, dass die Ethnologie diesem Volke den besonderen Namen der „Negritos" gab.

Seit jenen Jahren erst, seit Anfang und noch mehr seit der Mitte der sechziger Jahre unseres Jahrhunderts datirt der Aufschwung der Kraniologie, ihr Bestreben, auch als Wissenschaft anerkannt zu werden.

---

²) Huxley. Evidence as to man's place in nature. London 1864.

Man legte sich eifrig auf das Sammeln von Material, man suchte die Methode zu verbessern und eine Flut von kraniologischer und kraniometrischer Litteratur ergoss sich über die duldende Menscheit. Die Zahl der erschienenen Aufsätze ist Legion und es ist ganz unmöglich, alles aufzuzählen. Man beginnt sich für die Sache zu interessiren, die Schwierigkeit, einen Schädel zu messen, ist nicht gross, und so hält sich alle Welt berufen, hier mitzureden. Man schlägt neue Methoden vor, jeder Anatom misst womöglich nach eigenem Rezept und die Zahl der wirklich wertvollen Arbeiten ist verschwindend.

In das Jahr 1866 fällt die Gründung des „Archives für Anthropologie." Gleich in dem ersten Bande veröffentlicht Welker eine grössere kraniometrische Arbeit[1]) und erhebt eine ganze Reihe von Vorwürfen gegen seine Fachgenossen:

Zunächst wirft er die Frage auf, wie wohl am besten kraniologisches Material wiederzugeben sei. Durch Abdruck der erhaltenen Maasszahlen oder durch Abbildungen Beides hat sich, sagt Welcker, zu ergänzen, besonders ist unbedingt die Abbildung notwendig, notwendiger, als die Messung; denn:

1. Die Ziffern geben keine genügende Anschauung, man kann sich nichts darunter vorstellen.
2. Die Mittelzahlen schlagen den eigentlichen Thatsachen oft ins Gesicht.
3. Die Lage einzelner zur Messung benützter Punkte ist oft unsicher (z. B. tubera Parietalia) daher sind die Resultate der Messungen schwankend.
4. Soll man alle Schädelmaasse in %Werten irgend eines bestimmten Durchmessers ausdrücken? Und welcher Durchmesser soll als Modulus dienen?

Zweifellos ist als Einheit zu Grunde zu legen der

[1]) H. Welcker, kraniologische Mitteilungen. Archiv für Anthropologie. Bd. 1. 1866.

Längsdurchmesser des Schädels und die Länge der Schädelbasis. Es ist aber mit diesem Modulus ein missliches Ding. Wählt man z. B. die Schädelbasis, ein Maass, welches sich offenbar vor vielen anderen empfiehlt, so bleibt der deutsche Schädel, indem hier das Mass ÷ 100 ist, unverändert. Der Lappenschädel mit 97, ist in allen seinen Maassen vergrössert, der des Sandwichinsulaners mit 107, wird verkleinert. Es scheint mir hierin eine grosse Inkonsequenz zu liegen. Dann für die Vergleichbarkeit der einzelnen Maasse des Lappenschädels mit denen des Sandwichinsulaners wird hierdurch in keiner Weise etwas gewonnen. Die gewünschte Vergleichbarkeit erscheint mir sogar grösser, wenn einfach das absolute Maass zugrunde gelegt ist. Denn es ist die Länge der Schädelbasis, ein wie wichtiges Maass auch in derselben erkannt werden muss, immerhin nur ein einzelnes Mass, welches, wie jeder andere Durchmesser, seine, ihm eigentümlichen Schwankungen besitzt und in gewissem Sinn unabhängig von den übrigen Maassen des Schädels variiren kann, so dass ich nicht einsehe, wie dieses eine Maass als Maassstab aller anderen dienen könnte.

Trotz dieses Einwurfes wird die Reduktion auf ein bestimmtes, überall gleich gross gesetztes Mass in vielen Fällen eine notwendige Hilfe für unsere Orientirung bilden, mir scheint aber, dass, soweit eine einzelne Ziffer als allgemeiner Modulus, d. h. als Wert, auf welchen alle Maasse reduzirt werden können, dienen kann, nicht irgend ein einzelner Durchmesser, sondern nur die Summe aller, also die Gesammtgrösse des Schädels, zugrunde gelegt werden dürfte.

Man setze alle Schädel gleich gross, dann zeigt es sich sofort, welcher einzelne Schädelteil hier gross, dort klein entwickelt ist.

Von jeder Rasse also, von jedem Stamm, soll ein mittlerer Schädel abgebildet werden, alle von gleichem Gesammtvolumen. Die verschiedenen Formen des menschlichen Schädels stehen der mittleren, eiförmigen Gestalt sämmtlich nahe genug, um als kürzerer Ausdruck dieses Gesammtvolumens die Summe dieser drei Hauptdurchmesser (Längs-, Quer- und Höhendurchmesser) benützen zu dürfen. Die Ziffer L + Q + H, beim deutschen Schädel 181 + 142 +132 = 455 wird mithin = 100 gesetzt und alle einzelnen Maase des deutschen Schädels in o/o dieses Maasses ausgedrückt."

Für den Gesichtsschädel schlägt Welcker 14 Maasse vor:

1. Nasenwurzel—Kinn.
2. Basion—Kinn.
3. Jochfortsatz des Stirnbeines, bis zum Punkte am unteren Rande des Jochbogens, in welchem Oberkiefer und Jochbein zusammentreffen.
4. Verbindung der beiden Punkte des unteren Jochbogenrandes, wo Oberkiefer und Jochbein zusammenstossen.
5. Jochbogenrand (wie oben)—Kinn.
6. Zitzenfortsatz bis zu demjenigen Punkt am Angulus Maxillae, der zwischen dem hinteren Rande des Ramus und dem unteren Rande des Corpus in der Mitte liegt.
7. Diese Punkte der beiden Anguli mit einander verbunden.
8. Der in 6. genannte Punkt des Angulus—Kinn.
9. Zitzenfortsatz—unterer Jochbogenrand (wie 3).
10. Unterer Jochbogenrand (3) — Punkt am Angulus wie bei 6.
11. Der Punkt des Angulus (6)—Jochfortsatz des Stirnbeines.
12. Grösste Jochbreite.
13. Höhe des Ramus des Unterkiefers.
14. Winkel des Unterkieferastes.

Den Hauptwert legt Welcker auf seinen Index und stellt dann die folgende Tabelle auf, in der die einzelnen Völker nach wachsendem Index geordnet sind:

Schadelform.	Breitenindex	Stamm.
	67	Rajputs.
	68	Neger von Senaar und Darfor. Carolineninsulaner.
Dolichocephal	69	Abessinier, Aschantis, Donkos, Kaffern, Hottentotten.
	70	Thakurs, Eskimos, Mosambik-Neger, Australneger.
	71	Neu-Aegypter, Sikhs, Südguinea-Neger, Neger vom Sudan.
	72	Mittel aus 4 Hindu-Kasten, Kashmir Musulmanns, Bhots aus Tibet.
Subdolichocephal	73	Irländer, Shinghalesen, Nagas und Klassias, Bhils, Gods, Kols, Papuas, Neuseeländer.
	74	Altrömer, Spanier, Ägypt. Mumien, Araber, Gorkhas, Nukaiwer, Bligh Isl. Brasilianer.
	75	Altgriechen, Schweden, Esten, Holländer, Brahmans, Sudras, Kabylen, Dopiks, Nikobareser, Tahitier, Nahuga und Fatuhiva.
Orthocephal	76	Engländer, Dänen, Holländer, Isländer, Schotten, Portugiesen, Guantchen, Zigeuner, Himalaja-Bhots, Chinesen, Japaner, Sandwich Islds., Chatham Islds.
	77	Niederdeutsche, Neugriech., Tartaren Amboinesen, Balinesen, Nordam. Indianer.
	78	Juden, Sumatraner, Mokasaren, nicht deformirte Pernauer.
Subbrachycephal	79	Franzosen, Italiener, Serben, Polen, Kleinrussen, Finnen, Javanesen, Buggesen.
	80	Oberdeutsche, Grossrussen, Buschmänner, Magyaren, Rumänen, Karaïben, Patagonier.

Brachycephal	81	Schweizer, Slovenen, Kalmücken, Tungusen.
	82	Tschechen, Kroaten, Türken.
	83	Lappen, Buräten, Maduresen.
	84	Bündner.
	85	

Daraus geht hervor, dass sich die Mehrzahl aller Schädel um die Mittelform gruppirt. Nach der Zahl der Köpfe haben wir auf der Erde:

Dolichocephal	107 Mill.
Subdolichocephal	165 „
Orthocephal	544 „
Subbrachycephal	195 „
Brachycephal	15 „

Es entfallen also auf

1 Brachycephal
13 Subbrachycephal
36 Orthocephal
11 Subdolichocephal
7 Dolichocephal

Die Orthocephalen mit 544 Millionen würden also mindestens die Hälfte der Menschheit ausmachen.

Die ganze Tabelle Welckers ist wohl mit sehr grossem Fleiss angelegt, aber sie gibt uns auch ein Bild der heillosesten Verwirrung. Wollen wir wirklich all das, was gleichen Index hat, auch für zusammengehörig gelten lassen? Wer wird Franzosen und Russen einander gleich setzen? Eskimos und Australier, Irländer und Papuas, Araber und brasilianische Indianer etc. etc.? Ein schöneres Todesurtheil, als Welcker hier seiner Indexlehre sprach, hätte ihm wohl kein Gegner sprechen können?

Wo lag nun wohl der Fehler?

Sobald diese Frage in der Craniologie aufgeworfen wird, ist auch schon eine Antwort da: Horizontale! Jedenfalls hatte Welcker zu wenig Rücksicht auf die Wahl der Horizontalen genommen.

Aeby trat der Sache näher. In einer grossen Arbeit [1] gelangte er zu folgenden Resultaten:

Wie man die klassischen Bauwerke erst dann völlig begriff, als man mit Winkelmaass und Messkette an sie herantrat, so ist es auch beim Schädel. Aber man maass bei den Bauwerken nicht das kleinste Detail, das überliess man dem Auge, sondern man maass die Grundlinien, welche jenem verborgen bleiben. Ebenso der Schädel. Für das Detail bleibt auch hier das Auge der feinste Richter, das Allgemeine dagegen ist Sache der Messung.

Sie allein ist im Stande, in durchaus objektiver Weise den idealen Grundplan aufzustellen, an dem alles Andere einen festen und sicheren Rückhalt gewinnt. Erst die Kenntniss dieses Grundplanes kann uns ein wirkliches Verständniss des Details verschaffen. Also Horizontale!

Es ist zwar verdienstlich, aber falsch, sich auf die Messung einzelner Völkerschaften und Stämme zu beschränken, denn es fehlt jeder Maassstab für die Beurteilung der einzelnen Erscheinungen. Man kann nicht für jeden Völkernamen eine besondere Schädelform verlangen. Wenn man sie sucht, wird man sie auch finden, aber später wird man sie auch wieder aufgeben. Viele Völker treten historisch unter besonderen Namen auf und sind doch eines Stammes.

Die Messung selbst ist nicht der Inbegriff aller Schädellehre, aber sie allein ist im Stande, das Fundament zu bauen. Zu diesem Zweck muss sie vor allem ein durchaus einheitliches, rationales, durch den Bau des Schädels selbst vorgeschriebenes Princip befolgen. Man soll nicht kreuz und quer messen.

Derartig äussert sich Aeby weiter, dann sagt er:

Der Angelpunkt der ganzen Angelegenheit liegt offenbar in der Wahl der Grundlinie. Von ihr hängt alles andere ab. Eine rationale Grundlage muss vor allem einer

---

[1] Aeby, Schädelformen des Menschen und der Affen. Leipzig 1867.

Anforderung Genüge leisten, wenn sie ihren Namen mit Recht führen soll: sie muss in der Struktur des Schädels ihre Begründung finden. Die Bedingung möglichster Konstanz ergiebt sich hieraus von selbst. Denn je näher die Linie dem Mittelpunkt der ganzen Bildung liegt, um so weniger wird sie sich zu verändern vermögen, ohne dass alles in ihrer Umgebung ebenfalls in Form und Wesenheit anders würde. Da die Entwicklungsgeschichte allein uns Kenntniss gibt von der Bedeutnng und der morphologischen Stellung der einzelnen Schädelabschnitte, so müssen wir sie benützen, um Aufschluss zu erlangen. Der Schädel besteht wie die ganze Wirbelsäule, deren oberen Abschnitt er darstellt, aus einem visceralen und einem neuralen Teil das Verhältniss beider müssen wir zu erkennen suchen. Die Linie muss also an der Berührungsstelle beider Teile liegen.

Es ist wohl sehr viel Berechtigtes an diesen Ausführungen Aeby's, aber praktisch sind sie kaum zu verwerthen, da man eine ideale Linie, welche diese Bedingungen wirklich erfüllt, nicht ziehen kann.

Werfen wir einen kurzen Rückblick auf die bisher geschilderte Entwicklung der Schädellehre, so finden wir, dass sie einzig und allein von 3 Gesichtspunkten ausgeht: drei Maasse allein sind maassgebend: Der Gesichtswinkel, der Längsbreitenindex und die Horizontale.

Durch Camper und Blumenbach wurden diese Fragen zuerst ventilirt, und darüber kam man nicht hinaus. Gerade so wie einst die Seefahrer sich nur an den Küsten hielten und keiner sich hineinwagte auf's offene Meer, ebenso klammern sich die Craniologen an ihre grossen Vorgänger, ohne frei und unabhängig zu forschen.

Am Anfang der siebziger Jahre wird es anders. Man sucht nach neuen Rassenunterschieden, man will sich entfernen von Camper und Blumenbach. Diese ganze Periode schliesst dann ab mit der Frankfurter Verständigung, d. h. die Frankfurter Verständigung war nur ein

Abschluss nach aussen, im Innern gährt es nach wie vor und die „Nörgler" zeigen sich heute in immer grösserer Zahl.

Hyrtl machte einen ersten, freilich recht dürftigen Versuch. Er brachte für die damalige Zeit etwas Neues d. h. etwas, das man schon lange vergessen hatte. Schon Sömmering sprach, wie ich oben erwähnte, von der kräftigeren Entwicklung des „Beissmukels" beim Neger. Dann geriet das wieder in Vergessenheit, bis Hyrtl sich mit der Frage befasste.[1]) Er spricht nun allerdings weniger vom Musc. temp. selbst, als vielmehr von der durch seine geringere oder stärkere Thätigkeit bedingten Entwicklung der Lineae temporales. Er unterscheidet eine obere und eine untere Schläfenlinie. Im Allgemeinen konstatirt er, dass von 2000 Schädeln nur 18 keine obere Schläfenlinie haben, bei diesen ist dann die untere viel stärker entwickelt. Ungleich häufiger ist die Linea semic. sup. ohne inf.

Beim Vorhandensein beider Linien gehen dieselben aus einer Spaltung der crista temp. des Stirnbeines hervor und entfernen sich immer mehr von einander. Das Fehlen beider Schläfenlinien gehört zu den Seltenheiten.

Die Occipitalansicht von Schädeln mit gut entwickelter Lin. sem. sup. zeigt eine pentagonale Form. Die schönste pentagonale Form zeigten die Schädel von Sandwich-insulanern. Unter 36 Chinesenschädeln finden sich 7 exquisite Exemplare. Unter 10 Zigeunern drei, unter 12 Hindus 2, An deutschen und slavischen Schädeln ist sie selten eklatant. Sie kommt an runden Brachy- und Orthocephalen-Schädeln nur sporadisch vor.

Durch diese Untersuchung hat Hyrtl eigentlich nur bestätigt, was man auch hypothetisch feststellen könnte: Niedrig stehende Rassen, bei denen die Kauwerkzeuge und damit der musc. temp. stark entwickelt sind, haben stärker entwickelte lineae sem. Völlig neue Gesichtspunkte

---

[1]) Hyrtl. Die doppelten Schläfenlinien der Menschenschädel und ihr Verhältniss zur Form der Hirnschale. Wien 1871.

für die Beurteilung des Schädels stellte Broca durch die Publication seines „indice nasal" auf. Er drückte die Länge der Nasenregion aus[1]) durch eine von der Mitte der Satura nasofront. zur Spina nas. ant. gezogene Gerade, die Breite durch eine an der Stelle der grössten Breite der Apertura pyrif. gezogene Querlinie.

Das % Verhältniss der Breite zur Länge ist der Nasenindex. Ist die Länge = NS die Breite = n n, so ist der Nasalindex =

$$100 \times \frac{n\ n}{N\ S}$$

Derselbe nimmt vom embryonalen Leben zum reiferen Alter stets ab. Geschlechtsunterschiede sind nicht bemerklich. Den kleinsten Index haben die Eskimos (42.33), den grössten die Hottentotten.

Nach dem Nasalindex teilt Broca die Völker in leptorhine (42—47), mesorhine (48—52) und platyrhine (53—58).

Im Allgemeinen haben die am stärksten dolichocephalen Rassen den grössten und auch den kleinsten Index. Die Brachycephalen halten sich in der Mitte.

Platyrhin sind: Hottentotten und Buschmänner, Westafrikanische Neger, Kaffern, Bewohner von Madagaskar und Elefantine, Australier, Tasmanier und Neukaledonier.

Mesorhin sind: Lappen, Finnen, Esthen, Mongolen, Chinesen, Indochinesen, Polynesier, Japanesen, andere Malayen, Papuas, Rothäute, Mexikaner, Peruaner und andere Südamerikaner.

Leptorhin: Moderne Pariser, Basken, Niederbretonen, Elsass-Lothringer, Bayern und Schwaben, Russen, Rumänen, Berbern, Araber, Syrier, Eskimos.

Eine Betrachtung dieser Tabelle zeigt, dass der Nasalindex mit einigen Ausnahmen wirklich bei offenbar

---

1) P. **Broca**, Recherches sur l'indice nasal, **Revue** d'Anthrop. T. I. Livre I. 1872.

zusammengehörigen Stämmen der Gleiche zu sein
scheint.

Im nächsten Jahre stellte Jhering[1] seinen bereits
oben besprochenen Profilwinkel auf.

Da Brocas Nasalindex allgemeine Anerkennung fand,
versuchte er noch einen weiteren Index aufzustellen, den
Orbitalindex[2] das heisst das Verhältniss der Höhe zur
Breite (letztere 100 gesetzt) der Orbitaleinganges. Die
Breite wird gemessen medianwärts der Kreuzungspunkte
zwischen der Sut. fronto-maxill und fronto-lacryim. einerseits (Broca nennt diesen Punkt „Dacryon") und der
Satura lacrymalis (lacrymo maxillaris) andererseits. Um
die Höhe zu messen, zieht man von der über dem For.
infraorb. gelegenen Stelle des unteren Augenhöhlenrandes
eine auf der Querachse Senkrechte zum Augenhöhlenrand.

Die Variationen gehen von 77.01 bis 95.40 und Broca
unterscheidet danach die folgenden Indices:

megasem 89 und mehr

mesosem 83—88.99

microsem 83 und weniger.

Individuelle Schwankungen gehen weiter. Broca
fand bei einem Chinesen 108.33, bei einem Schädel von
Cromagnon 61.36. Weiter betrachtete Broca den Einfluss
des Alters und fand beim Fötus von 5—6 Monaten die
Augenhöhlung fasst rund, also die 2 Durchmesser nahezu
gleich.

Bei reifen Embryonen und beim Kind von einigen
Wochen nimmt der vertikale Durchmesser schon etwas zu,
jedoch ist der Index immer noch Megasem. Alles dies gilt
aber, wohlgemerkt, nur für die Messung am frischen
Schädel: am getrockneten Schädel erhält man
ganz entgegengesetzte Resultate. Für das Ge-

---

[1] v. Jhering, zur Reform der Kraniometrie. Zschr. f. Ethnol.
Bd. 5. 1873.

[2] Broca, recherches sur l'indice orbitaire. Revue d'Anthrop.
T. IV. Nr. 4 p. 577. 1875.

schlecht fand Broca, dass bei derselben Rasse der mittlere
Orbitalindex des Weibes kleiner ist als der des Mannes und
zwar scheint das für so ziemlich alle Rassen zu gelten.

Was nun die Rassenverschiedenheiten anbetrifft, so
mass Broca mit Ausnahme der seltenen prähistorischen
Schädel von jeder Rasse mindestens 10 Exemplare. Bei
der kaukassischen Rasse wechseln die Indices zwischen
77.91 und 90.93 Dagegen bilden die Mongolen (im Sinne
Cuviers) und die aethiopischen Rassen sehr scharf begrenzte
Gruppen und es steht z. B. der grösste aethiopische Index
um mehrere Ziffern unter dem kleinstem mongolischen, ein
Umstand, der für die Verwandschaft der von Cuvier als
Mongolen zusammengefassten Völker zu sprechen scheint.

Die obere Grenze der aethiopischen Indices ist 85.97.
Dieser nähern sich unter den mongolischen Völkern nur
die Lappen (Index 87.55) und nahe dabei stehen 10 Eskimo-
schädel mit 88.21. Es wäre dies die untere Grenze der
Mongolen, wenn man die Eskimos zu diesen zählen will,
wogegen andererseits der Umstand, dass dieselben zugleich
die am meisten dolichocephalen und leptorrhinen Völker
sind, sie scharf von den Mongolen scheidet.

Ein megasemer Orbitalindex ist daher für den
mongolischen Typus ein bezeichnendes Charakteristikum.
Weniger homogen sind die aethiopischen Völker: Zwischen
den Tasmaniern (79.33) und Papuas von der Torres-
Strasse (86.14) besteht eine Differenz von 7.14, jedoch
sind alle Mikrosem. Die Differenz zwischen den einzelnen
Völkern der kaukasischen Rasse beträgt 13.92. Unter
27 Serien dieser Rasse finden sich 6 aussereuropäische:
Kabylen, Araber, Aegypter, alte Bewohner der kanarischen
Inseln und Guanchen von Teneriffa. Die Letztgenannten
sind mikrosem, alle übrigen mesosem. Die Europäer sind
lauter westliche: (Franzosen, Italiener, Spanier, Holländer).
Unter diesen sind alle Modernen mesosen bis megasen,
alle Alten mikrosem. Es lässt dies, wie Broca meint,
schliessen, dass zur quarternären Zeit und in der nach-
folgenden Periode eine mikroseme Rasse in Westeuropa

wohnte, die später durch eine megaseme mehr oder weniger
ersetzt wurde und dass, während die erstere mehr dolichocephal war, das Auftreten der Letzteren mit dem der
Brachycephalen zusammenfiel.

Trotzdem sind aber die viel späteren Merowinger-
schädel auch wieder mikrosem. Aus der grossen Übereinstimmung der Guantschenschädel mit denen von Cro-Magnon
schliesst Broca auf eine nahe Beziehung der Bevölkerung
Spaniens und Frankreichs zu Nordafrika.

Soweit Brocas Untersuchungen. Man darf dieser
Arbeit ebenso gut wie seiner Nasalindexarbeit eine hervorragende Stellung in der Geschichte der Kraniologie an-
weisen.

Im Anschluss an die beiden Arbeiten Brocas sei
hier gleich zweier später (1891) publicirten Untersuchungen
gedacht, die sich mit dem Bau der Nase beschäftigen.

Zunächst Ferrarini[1]. Er berechnet das Verhält-
hältniss zwischen Nasenhöhe (Nasospinallinie und dem
Hervortreten der Nase, das er als „Index des Hervor-
tretens der Nase" bezeichnet. Ausserdem den Index pyri-
nasalis, i. e. das Verhältniss zwischen Nasenhöhe und Höhe
der Apertura pyriformis und endlich den Index zwischen
grösster und kleinster Nasenbreite.

Es scheint, dass die Indices in einem gewissen Verhältniss zu den Indices Brocas stehen, denn sie nehmen
ab, in dem Maasse als ein Schädel mehr und mehr platyrrhin wird. Mir scheint besonders der Index des Hervor-
tretens der Nase" sehr wichtig. Dr. Karl Ranke wandte
dieses Maass auf der Expedition am Xingu' an und hat
damit sehr gute Resultate erzielt. Leider sind dieselben
noch nicht publizirt. ich weiss von denselben nur durch
mündliche Mitteilung des Herrn Dr. Ranke, kann mich
also hier nicht weiter darüber verbreiten.

---

[1] Ferrarini, Forma e dimensioni dello scheletro del naso
nell' uomo. Archivio per l'antropologia e la etnologia. Vol. XXI.
fasc. 2. 1891.

Mingazzini[1]) stellte ebenfalls Untersuchungen über die Form der Ap. pyrif. an, und teilt dieselbe in 4 Haupttypen:

1. Forma antropina: die Ap. pyrif. ist in ihrem ganzen Umfang von einem scharfen Rand begrenzt.
2. Fossa praenasalis: Der untere Rand der Ap. pyrif. stellt, jedenfalls von der Spina nas. ausgehend, eine Grube dar, die von den Rändern begrenzt ist, von denen der vordere sich an den Seitenrand der Ap. pyrif. verliert.
3. Die Forma infantilis: Der Rand, der die Nasenfläche von der unteren nasalen Alveolarfläche abgrenzt, ist abgestumpft und abgerundet.
4. Clivus naso alveolaris ist durch eine leicht gebogene Fläche dargestellt, indem sie hinten von einer leichten, vor den Foramina incisiva liegenden Erhöhung begrenzt ist, sich allmählig in die Unternasel-Alveolarfläche nach vorn fortsetzt.

Diese Einteilung der Ap. pyr. ist nun zwar nicht direkt von rassenvergleichendem Wert, doch glaubte ich sie nicht unerwähnt lassen zu dürfen, da sie uns zeigt, dass in dem Bau und der ganzen Anlage der Nase beträchtliche individuelle Schwankungen vorkommen, welche zweifellos von grossem Einfluss auf die Messung sind ohne dass jemand darauf Rücksicht nimmt.

Einen neuen Unterschied der verschiedenen Rassen glaubte Ecker[2]) in dem Bau des Torus occ. Transversus zu finden, dem queren Hinterhauptswulst. Er versteht darunter einen zwischen den beiden Nackenlinien, der Linea nuchae superior und der Linea nuchae suprema verlaufenden Wulst, der sich bisweilen in sehr auffallender Weise

[1]) Migazzini, über die verschiedenen Formen der Apertura pyriformis. Arch. f. Anthrop. Bd. XX. Heft 3. p. 171 ff.

[2]) A. Ecker. Ueber den queren Hinterhauptswulst (Torus occip. transver.) am Schädel verschiedener aussereuropäischen Völker. Archiv f. Anthrop. Bd. X. 1876.

bemerkbar macht. Er muss nicht immer vorhanden sein, die Gegend kann sich abflachen oder sogar zu einer Grube einsenken. Aber er weisst auch noch andere Verschiedenheiten auf. Bei Schädeln von der Halbinsel Florida ist der Torus nicht nur meist vorhanden, sondern seine unteren Ränder sind steil abfallend und laufen in der Medianlinie in einen breiten, überhängenden Stachel aus. Bei einem anderen Schädel des amerikanischen Kontinentes (Botokude) ist der Torus seitlich zu förmlichen Tubera entwickelt.

Das häufige Vorkommen und die deutliche Ausprägung des Torus occ. transv. bei den Florida-Indianern, Australiern, Fidji-Insulanern gegenüber dem Fehlen oder der geringen Ausbildung desselben bei den übrigen Rassen, selbst z. B. unter den Negern, der Umstand ferner, dass, wie besonders die Florida- und Australierschädel zeigen, dieses Vorkommen nicht auf das Geschlecht beschränkt ist, alles das drängt zu der Annahme dass hier nicht bloss individuelle oder sexuelle Bildungen, veranlasst durch kräftigere Muskulatur, vorliegen, sondern dass wir es wohl vielmehr mit einer Rasseneigentümlichkeit zu thun haben, die möglicherweise eine tiefere Begründung hat.

Vielleicht liegt die tiefere Begründung dieser Rasseneigentümlichkeit in Folgendem: Es handelt sich ganz einfach hier wie bei der Linea sem. um nichts weiter als um eine Äusserung der „Naturform" des Schädels (den Begriff Naturform als Gegensatz der Kulturform genommen). Dass er bei Negern, deren Schädel oft sehr zart ist, nicht vorkommt, widerspricht dem nicht, ebensowenig wie das Vorkommen bei Schädeln, die ja, besonders bei den in Frage kommenden niederen Rassen, oft sehr kräftig entwickelt sind.

Das Jahr 1878 der Frankfurter Verständigung bedeutet den Abschluss all des unsicheren Suchens und Tastens, aller der eigenmächtigen Unternehmungen, die einen Vergleich der Resultate unmöglich machten. Ich glaube, es ist zwecklos, wenn ich die Abmachungen, welche damals getroffen wurden, hier wiedergebe. Es lässt sich ja wohl vieles an der Methode aussetzen.

Aber der Wert jenes Übereinkommens beruht ja auch nicht in der Methode selbst, sondern einzig und allein in der Schaffung einer Methode, nach welcher alle arbeiten sollten. Dadurch ging das Werk des Einzelnen nicht unter, sondern es war ein Glied einer grossen Kette, jeder gemessene Schädel konnte wieder von Anderen verwendet werden.

Trotzdem soll natürlich die Frankfurter Verständigung durchaus keinen Stillstand der Forschung bedeuten. Besonders was die Wiedergabe des Materials anbetrifft, so wäre noch sehr viel zu thun. Aber auch in anderer Beziehung lässt sich noch vieles ändern und es fehlt auch nicht an Vorschlägen zur Verbesserung der Methode.

Einen der eigenartigsten Vorschläge kraniologischer Classifikation machte weiterhin der Amerikaner Flower[1]. Er führte einen Dentalinder ein, um den Raum zu bestimmen, welchen die Zähne bei den einzelnen Rassen einnehmen. Er misst zu diesem Zweck mit einer Art Schieberzirkel die Sehne der Länge der Molarreihe vom hinteren Rand des letzten zum vorderen Rand des ersten Molaren. Das erhaltene Resultat nennt er Zahnlänge (d). Als zweites Maas dient die Länge des Schädelbasis, die basinasale Länge (BN). Der Index wird berechnet nach der Formel:

$$\frac{d.\ 100}{BN}$$

Er heisst Dentalindex und scheint zu variiren zwischen 40 und 48.

Die Reihe verteilt sich also:

Mikrodont unter 42

Mesodont 42--44

Megadont 44 und mehr.

Zu den mikrodonten Rassen gehören:

Briten (41.3), Andere Europäer (41.1). Alte

[1] W. H. Flower, on the size of the teeth as a character of race. Journ. of the Antrop. Inst. Vol. XIV. p. 183.

Aegypter (41.0), Polynesier (meist Sandwich-Insulaner (40.1), Angehörige niederer Rassen aus Zentral und Südindien (41.1).

Mesodont sind:

Chinesen (42.6), Amerikanische Indianer (42.8), Malayen von Java, Sumatra etc. (43.3), Afrikanische Neger (43.9).

Und endlich megadont:

Melanesier (42.2), Andamanesen (45.5), Australier (45.5), Tasmanier (48.1).

Die ganze Aufstellung führt dahin, dass Chinesen und Neger, Briten und Polynesier als verwandt hingestellt werden.

Alles Frühere versuchte Benedikt auf den Kopf zu stellen, indem er ganz neue Wege einschlug.

Er „entdeckte", dass die ganze Oberfläche des Schädels wie bei einem Krystall, mit geometrischer Feinheit aufgebaut sei, und ausschliesslich von Kreisbogen gebildet werde, welche in allen möglichen Krümmungen, bis zur Streckung zur geraden Linie, vorkommen. Die Aufgabe der Schädellehre sei nun, glaubt er, das Konstruktionsgesetz des Schädels aufzufinden. Er bedient sich zu diesem Zwecke einer Reihe im hohen Grade komplizirter Apparate, die ganz ungeheuer präzis arbeiten. Im Ganzen nimmt er 140 Maase an jedem Schädel. Seine Methode ist hier nicht näher zu schildern, da er selbst am Schlusse seines Buches zugibt, dass er für die Rassenlehre weiter gar nichts gefunden habe, als was schon längst bekannt sei.

Der Unterschied im Bau einzelner Schädel ist eben derartig in's Auge fallend, dass man nicht Mikroskop oder Fernrohr braucht, ihn zu konstatieren.

Bedeutet diese Arbeit keinen Fortschritt, so ist eine andere von Deniker[1]) als Rückschritt zu bezeichnen — oder wenigstens als Vorschlag eines solchen. Während

[1]) Deniker, Essai d'une classification des races humaines, basée uniquement sur les charactères physiques. Communication préliminaire. Bulletin de la Soc. d'anthr. de Paris III. Sér. T. XI. 1889.

man gelernt hatte, einzusehen, dass zu einer Klassifikation
der Menschheit möglichst viele Punkte in Betracht zu ziehen
seien, ethnologische, somatische, linguistische etc., will Deniker nun, man solle nur physische Merkmale allein be-
rücksichtigen, da es ein logischer Fehler sei, psychische
Momente mit herein zu ziehen, wo es sich um den physischen Menschen handelt. Dem ist wohl kaum beizu-
stimmen.

Ranke glaubte einen neuen rassenanatomischen Unterschied in der Stellung des Ohres zu erkennen.

Er fand[1], dass der obere Jochbogenrand beim
Menschen über der deutschen Horizontalen verläuft, bei
den Anthropoiden unter derselben und sich gegen die
Orbita zu herabsenkt. Daraus schliesst er, dass das Ohr
bei den Anthropoiden am Schädel höher stehe. — In
Wirklichkeit dürfte dies wohl nicht der Fall sein, da die
Richtung des oberen Jochbogenrandes nichts zu bedeuten
hat für die Stellung des Ohres am Schädel, sondern eben
nur zeigt, dass die Jochbogen beim Menschen anders
gebildet sind als bei den Anthropoiden.

Auch bei den niederen Rassen hat der Jochbogenrand eine Neigung, nach vorn abzusinken, was Ranke als
Rückständigkeit der Entwicklung erklärt, da sich auch
beim neu- und ungeborenen Kinde der Jochbogenrand nach
vorne der Horizontalen zuneigt. Bei niederen Rassen entfernt sich die individuellle Entwicklung weit weniger von
diesem Befund des neugeborenen Schädels als bei höheren
Rassen; es handelt sich also hier um ein relatives Stehen-
bleiben auf einer früheren, onthogenetischen Entwicklungsstufe.

Einen neuen Index, den „branco-coronoid" Index,
wollte Cesare Biondi[2] einführen. Er bestimmte die

---

[1] J Ranke, über höhere und niedere Stellung der Ohren
am Kopf des Menschen. (Korrespondenzblatt der deutschen Ges.
f. Anthr. 1886.)

[2] Cesare Biondi, Forma e dimensioni delle apofisi coronoide
nella mandibola umana. Archivio per l'anthropologia e la Etnologia
1890. Vol. XX.

Höhe und Breite des Coronoidfortsatzes des Unterkiefers, indem er letzteren auf eine horizontale Unterlage aufsetzte und nun vom festen Punkt der Sigmoid Incisur eine Horizontale zum vorderen Rand des Knochens führte (Breite des Fortsatzes); die Höhe des Fortsatzes wird durch eine auf die Breitenlinie gefällte Senkrechte an der Spitze des Fortsatzes gemessen.

Der Index wird berechnet nach der Formel

$$\frac{100 \; H}{Br.}$$

Die Grenzen desselben sind 70 und 90, jedoch kommen einzelne grosse Ausnahmen vor. Das Minimum war 38, das Maximum 137.5. Den eigtl. sog. branco-coronoid Index berechnet Biondi, indem er das Verhältniss der Höhe des Fortsatzes zur ganzen Asthöhe (bis zur Spitze des Coronoid-Fortsatzes, in % feststellt. Der Index schwankt meist zwischen 20 und 35, (Min. 14.5, Max. 46.8). Mehr als ⅓ der Fälle liegt zwischen 25 und 30. Bei höheren Rassen ist der Fortsatz höher, schlanker, bei tiefer stehenden Rassen ist er niedrig, breit, massig, dick.

Ein Seitenstück zu den Vorschlägen Benedikts finden wir in der Arbeit Töröks[1], nur dass dieser noch viel „exakter" arbeitet. Auch er will die Gesetzmässigkeit im Bau des Schädels bestimmen. Seine Reformvorschläge erregten grosses Aufsehen, sind aber, wie sich sofort herausstellte, für die Rassenanatomie, sowie auch für die vergleichende Anatomie völlig wertlos.

Er stellt die Kleinigkeit von 5000 Winkel- und Liniearmaassen auf, die natürlich Niemand messen kann. So ist also auch dieser Versuch als völlig verfehlt zu bezeichnen.

Damit sei der kurze Ueberblick über die historische Entwicklung der Schädellehre abgeschlossen.

Die Geschichte der rassenvergleichenden Kraniologie ist eine Geschichte menschlichen Irrens, unsicheren, schwan-

---

[1] Aurel v. Töröck, Grundzüge einer systematischen Kraniometrie. Stuttgart 1890

kenden Tastens, trostloser Ratlosigkeit. Man sucht alte Werthe zu stürzen, da man ihre Unzulänglichkeit erkannt hat, aber man weiss nicht, womit man sie stürzen, wo man sie angreifen soll. Daraus entsteht ein fortwährendes Probiren und Raten.

Noch Hunderte von Arbeiten wären zu nennen, die Neues vorschlagen oder Altes wiederholen. Aber das würde die Grenzen, die hier einzuhalten sind, weit überschreiten. Es sollte nur ein Bild der Entwicklung der rassenvergleichenden Kraniologie in grossen Zügen gegeben werden. Wozu uns die ganze Forschung führte, das zu untersuchen, wird die Aufgabe des letzten Teiles der vorliegenden Arbeit sein.

III.

Rassen
und Rassenschädel.

Es ist hier nicht die Aufgabe, zu untersuchen, wie und wo vielleicht der Mensch entstanden ist, wie er sich verbreitet hat. Wir wollen ihm und seinen Spuren auf der Erde nachgehen und versuchen, das Gegebene, Vorhandene zu prüfen. Wenn wir das weite Gebiet der Menschheit überblicken, so finden wir, auch schon bei oberflächlicher Betrachtung, zwei Elemente innerhalb derselben vor, die sich ganz scharf von einander trennen lassen: Die Mongolen und die Neger, die höchste und die am tiefsten stehende Menschenrasse. Die eine mit einer uralten, hohen Kultur, die andere scheinbar roh und unkultiviert, so dass sie von Manchen geradezu als dem Tier gleichstehend behandelt wird. Zögert doch Fr. Müller) nicht, zu sagen: „Der Neger lässt sich zwar abrichten, aber nur sehr selten wirklich erziehen".

Ein Ethnologe, ein Naturforscher hätte diesen Ausspruch wohl schwerlich gethan.

Zweifellos ist, wie schon gesagt, dass die Mongolen und die Neger zwei nach ganz verschiedenen Richtungen entwickelte Typen darbieten. Die brachycephalen, hellhäutigen Mongolen stehen den dolichocephalen, dunklen Negern scharf gegenüber. Suchen wir uns das zu erklären, so müssen wir jedenfalls zunächst die Natur der Gegenden, die sie bewohnen, ins Auge fassen. Denn die verschiedene

---

¹) Fr Müller, allgemeine Ethnographie, Wien 1873.

Schädelform der beiden Rassen muss zunächst als ein Aus-
fluss der geistigen Entwicklung, i. e. der Entwicklung des
Gehirnes, angesehen werden. Wir wissen ja aus der Er-
fahrung, dass die Brachycephalie, bedingt durch eine besonders gute Entwicklung des Grosshirns, ein Zeichen
höherer Begabung ist, während sich von der Dolichocephalie gerade das Gegenteil behaupten lässt. Wir könnten
nun vielleicht annehmen, dass ein härterer Kampf ums
Dasein, ein Ueberleben der besseren Elemente, der Brachycephalen, zur Folge haben muss.

Diese Bedingungen sind in hohem Grade gegeben in
den wilden Gegenden Sibiriens, die wir als Urheimat der
Mongolen ansehen dürfen.

Dort bestehen derartige Schwierigkeiten im Kampfe
gegen die unwirtliche Natur, dass sich der Mensch unbedingt mehr als irgendwo anders entwickeln musste, wollte
er nicht zu Grunde gehen. So konnte sich wohl im Laufe
von Jahrtausenden der heutige mongolische Typus heraus-
bilden, der zweifellos die höchste Entwicklungsstufe des
Menschen repräsentirt.

In Afrika dagegen stellten sich die Entwicklungs-
bedingungen ganz anders dar, Schwierigkeiten in der Ernährung sind sehr gering, alles begünstigt ein träges, üppiges
Leben, das wenig zu einer Weiterentwicklung beiträgt.

So konnten sich hier die Urbewohner Afrikas, für
welche wir wohl die Hottentotten halten müssen, bilden.
Sie stehen den Mongolen direkt gegenüber, und aus ihnen
haben sich vielleicht erst die Bantu-Neger entwickelt, wie
man annehmen könnte, ebenfalls wieder durch Zuchtwahl
und zwar scheint mir die hiezu am besten geeignete Gegend
das Seengebiet Ostafrikas zu sein. Beweise dafür zu er-
bringen, ist natürlich, vor allem ohne eingehende Untersuchungen an Ort und Stelle, kaum möglich.

Wir könnten nun aus diesen beiden einzig wahren
und Urrassen durch das ewige Hin- und Herfluten der
Menschheit auf der Erde, durch die fortwährenden

Kreuzungen und Mischungen das Entstehen der übrigen
Formen zu erklären suchen.

Das alles muss aber schon in uralter Zeit statt-
gefunden haben, wie uns die Funde zeigen, die wir als
die ältesten auf der Erde gefundenen menschlichen Reste
bezeichnen müssen. Ich will dieselben der Reihe nach
anführen.

Zunächst der seinerzeit so viel genannte Neanderthaler-
Schädel. Dieser Schädel, oder besser gesagt diese Calva,
denn nur eine solche ist es, wurde vor vierzig Jahren in
einer Bergschlucht Westdeutschland, in der Nähe von
Elberfeld, im Neanderthal gefunden. Sie hat nur eine sehr
geringe, faktische wissenschaftliche Bedeutung, ist aber für
die ganze Entwicklung der prähistorischen Forschung
äusserst wichtig geworden, da sich an sie die ersten Untersuchungen von Vogt, Schaafhausen etc. über die Voreltern
der Menschen knüpfen. Es wurde sehr viel Unsinniges
über diese Calva behauptet. Sie ist lang, sehr breit. Die
Höhe war, wie es scheint, nicht bedeutend. Genau ist
das natürlich nicht zu sagen, doch ist ein ziemlich
bedeutendes Stück der Hinterhauptschuppe erhalten, die
zu diesem Schlusse berechtigt. Mächtige Brauenwülste
vor Allem lenkten die Aufmerksamkeit der Gelehrten auf
sich. Damals wusste man sehr wenig von fremden Rassen,
es existirten in ganz Deutschland nur 1 oder 2 Gorilla-
schädel, kaum jemand hatte einen Schimpansen gesehen,
aber man glaubte hier einen reinen Affentypus gefunden
zu haben. Wie man angesichts dieses enorm grossen
Schädeldaches zu dieser Ansicht kam, können wir heute
kaum verstehen. Es gibt über 100 Bücher und Broschüren
über den Neanderthalerschädel, und jedes macht uns
staunen über die Naivetät, mit der man die Affenähnlichkeit zu finden suchte.

Virchow wies darauf hin, dass es heute in Deutschland und Holland sehr viele Leute gibt, die einen solchen
Schädel haben und ausserdem betonte er auch, besonders
den Englischen Gelehrten gegenüber, dass die Brauenwülste

durchaus nicht so ungeheuerlich seien. Der Neanderthaler-Schädel hat eine ganz schwache linea semicircularis, die nichts mit der Entwicklung der Brauen zu thun hat. Die Wülste sind ja hohe und entsprechen der Stirnhöhle, nicht aber Muskelansätzen. Bei manchen Rassen finden wir heute noch bedeutende Stirnwülste. Nachdem man endlich davon abgekommen war, die Stirnwülste auf den Musc. temporalis zu schieben, bezog man sie auf den Brauenmuskel. Sie sollten in Zusammenhang stehen mit dem Leben in dunklen Höhlen. Wir wissen heute, dass sich solche Brauenwülste auch bei uns bilden, wenn jemand längere Zeit an chronischem Stirnkatarrh leidet, sie sind also nicht von anthropologischem Wert. An den Knochen, die mit dem Schädel gefunden wurden, finden wir Rachitis, chronische Gelenkentzündung etc. Die moderne Anschauung muss also sein: Wir haben im Neanderthaler einen pathologischen Schädel irgend einer jetzt noch in Europa lebenden Rasse. Das Alter hielt man damals für sehr gross, man glaubte bis auf die Zeit von Mammut und Mastodon zurückgehen zu müssen. Wahrscheinlich brauchen wir nicht einmal diluviales Alter anzunehmen, sondern müssen den Schädel nur wenige Jahrtausende zurückdatiren.

In Frankreich hält man noch jetzt sehr viel auf den Neanderthaler Schädel, man hat sogar aus ihm und noch einigen anderen Stücken eine Urrasse, die Neanderthaler, oder Kannstädter Rasse konstruirt.

Der zweite Name ist gewählt wegen des Kannstädter Schädels. In Kannstadt machte man 1740 einen Fund von zahlreichen Mammut- und Mastodon-Knochen die in das Stuttgarter Museum gebracht wurden. 120 Jahre später fand man die Knochen wieder in einem Schuttkasten des Museums und dabei menschliche Knochen. Man nahm sofort an, die menschlichen Ueberreste seien gleichzeitig mit denen von Mammut und Mastodon gefunden worden. Quatrefages liess sich 1870 die Fragmente nach dem Jardin des Plantes bringen, um sie genauer zu untersuchen; sie wurden während der Balagerung durch ein deutsches

Geschoss zertrümmert. Ein sehr minderwertiges Fragment ist der „Brüxer" Schädel. Die Stirnknochen sind so dick wie sie nur bei Syphilis vorkommen. Man fand bei dem Schädel ein sehr schön geschliffenes Steinbeil, was mehrere Forscher nicht abhielt, ihn für gleichzeitig mit Mammut und Mastodon zu erklären. In Frankreich gilt es noch heute als eine Hauptstütze der Kannstädter Rasse.

In Südfrankreich und Spanien sind schon sehr früh menschliche Bewohner nachgewiesen. Die Schädel sind sehr gross, der Körperbau sehr kräftig, sie sind gleichzeitig mit dem Rennthier. Besonders in der Dordogne wurden zahllose Funde gemacht, die den damaligen Menschen in seiner Gemeinschaft mit dem Rennthier zeigen; die ganze Kultur desselben ist auf das Rennthier gestellt, wie die unsrige auf das Rind. Dieser Typus wurde der Cromagnon Typus genannt und als die älteste bekannte Rasse betrachtet.

Es wurden noch zahlreiche andere Funde gemacht, bald hier bald da. Es ist von hohem Interesse, die Funde mit den heute bestehenden Typen zu vergleichen.

Vor allem handelt es sich dabei um die Frage nach der Vielheit der alten prähistorischen Schädelformen und um den Nachweiss, ob sie sich sehr von den heutigen unterscheiden.

Es sei hier gleich gesagt, dass wir auch schon nach ganz oberflächlicher Prüfung des Materials zu dem Resultate kommen müssen, dass die historischen Schädelformen eben so mannigfach und zahlreich sind, wie die modernen.

Die Konsequenzen, die wir daraus ziehen müssen, werden von Fachgelehrten nur ganz ungern und so wenig wie möglich berücksichtigt, da sie jede Hoffnung, in die craniologische Forschung Klarheit zu bringen, abschneiden. Nur einzelne Forscher sprechen hier ihre Überzeugung offen aus, allen voran Kollmann.

Er kommt zu dem Schlusse[1]):

Auf europäischem Boden haben überall zu gleicher Zeit mehrere Rassen neben einander gelebt. Man mag die Ergebnisse drehen und wenden, wie man will, es tauchen immer dieselben europäischen Rassen auf, im Norden und Süden, im Westen und Osten. Ob wir Burgundische, fränkische oder allemanische Gräber nach altem Bestand an Menschen untersuchen, ob wir slavische oder gallische Gebiete der Vorzeit durchforschen, mit merkwürdiger Einförmigkeit kommt dasselbe Resultat zu Tage: Das Nebeneinander mehrerer Rassen. Die Entscheidung der Frage, welchem Volk die Langschädel, welchem die Kurzschädel gehört haben, rückt mehr und mehr in die Ferne. Unter solchen Umständen ist es erklärlich, dass das Vertrauen auf die Rassenanatomie im Abnehmen begriffen ist. Kollmann weisst darauf hin, dass die Kraniologie höchstens die Aufgabe haben könne, festzustellen, wie viele Rassen innerhalb eines ethnischen Gebietes leben oder gelebt haben, sie kann aber niemals die „Nationalität" am Schädel ablesen.

Das punctum saliens liegt eben in der Verwechslung der Begriffe von Rasse und Nation. Man hat, besonders von französischer Seite, den Versuch gemacht, patriotische Kraniologie zu treiben, man versuchte durch kraniologische Verwandschaft die Zugehörigkeit Elsass-Lothringens zu Frankreich nachzuweisen. Das ist, noch gelinde gesprochen, ein fruchtloses Beginnen. Abgesehen von Fachgelehrten, wird doch schon jeder normal veranlagte erwachsene Mensch einsehen, dass die Natur sich nicht mit Politik befasst. Alle politischen Begriffe sind vollständig willkürlich

---

[1]) In den Verhdlg. der Naturforschergesellschaft zu Basel. VIII. Teil. 2 Heft.

a) „Das Gräberfeld von Elisried und die Beziehungen der Ethnologie zu den Resultaten der Anthropologie."

b) „Schädel aus jenem Hügel bei Gent, auf dem einst der Matronen Stein (Pierre des Dames) gestanden hat"

c) „Schädel von Genthod und Lully bei Genf."

gewählt. Wenn der Politiker Slaven und Germanen unterscheidet, so hat er von seinem Standpunkte recht. In Wirklichkeit gibt es aber weder Slaven noch Germanen[1]. Wir hätten nur dann das Recht, von solchen als „Rassen" zu sprechen, wenn wir in irgend einer Zeit dieselben in kompakter Masse und unvermischt irgendwo vorfänden. Das aber ist nicht der Fall, sondern wir haben in Europa eben von Anfang an die gemischten Rassen. Wenn z. B. Niederle[2] annimmt, es habe eine ursprünglich slavische, dolichocephale Schädelform gegeben und die jetzige brachycephale Schädelform der Westslaven sei durch Kreuzung mit irgend einer alten brachycephalen Bevölkerung entstanden, wenn Herr Niederle, sage ich, diese Hypothese aufstellt, so kann er ja wohl recht haben, aber damit ist weiter nichts gesagt und noch weniger für den „Slavenschädel" bewiesen. Es ist eben eine Ansicht des Herrn Niederle und jeder andere Mensch hat das Recht, im Gegensatz dazu zu behaupten, die „Slaven" seien von Natur brachycephal gewesen und die im Osten wohnenden dolichocephalen Slaven hätten diese Schädelform erst bekommen, und zwar durch Kreuzung mit „einer alten, dolichocephalen Bevölkerung!"

Das Rezept dieses Verfahrens ist stets und überall anzuwenden. Man kann immer irgend eine alte Bevölkerung annehmen, von der niemand mehr etwas weiss, die daher auch nicht widerlegt werden kann, aber mit solchen Experimenten ist gar nichts bewiesen.

Auch das zahlreiche Auftreten einer gewissen Schädelform beweist nichts. Wir können irgendwo z. B. Dolichocephalen in grosser Menge finden, die doch sehr gemischt sind. Die ganze Frage ruht auf der Vererbung und zeigt uns das Verhältniss von Eltern zu Kindern im Grossen

[1] S. Kollmann, Germanen und Slaven Korrespondenzblatt der deutschen anthropl. Ges 1882.

[2] L. Niederle, die Skelettgräber aus der letzten prähistorischen Zeit in Böhmen. Mitteilungen der anthropl. Ges in Wien. XX Bd 1890. Sitzungsbericht pag. 102 ff.

Die Kinder erben, von allem Atavismus zunächst abgesehen, die physischen Eigenschaften der beiden Eltern. Es kann vorkommen, dass der Schädel ganz mit demjenigen des einen Elters übereinstimmt, das ist jedoch sehr selten der Fall. Meist wird der kindliche Schädel die Charaktere des väterlichen und mütterlichen in irgend einem Verhältniss gemischt enthalten. Das ersieht man meist aus dem unnatürlichen Bau des Gesichtes[1]).

Von der Natur werden alle Teile, auch das Gesicht, nach bestimmten Regeln aufgebaut, sie stehen alle in einem bestimmten korrelativen Verhältniss zu einander.

Wenn z. B. an einem Schädel die Augenhöhlen niedrig und weit auseinanderstehend sind, so gehört dazu unbedingt eine Stumpfnase mit breiten Rücken und breiter Apertura pyriformis, ein breiter Oberkiefer mit breitem Gaumen und weit abtretenden Jochbogen und umgekehrt können wir bei hohen, eng zusammengerückten Augenhöhlen eine lange Nase, mit hohem Rücken, schmale Oberkiefer und Gaumen, sowie enganliegende Jochbogen erwarten. Die verschiedenen Eigenschaften des Gesichtes stehen sich also in folgender Weise gegenüber:

Langes Gesicht:	Kurzes Gesicht:
leptoprosoper Gesichtsindex	chaemoprosoper Gesichtsindex
„ Obergesichtsindex	„ Obergesichtsindex
hypokoncher Augenhöhleneingang	chaemokoncher Augenhöhleneingang
leptorrhine Nase	platthyrine Nase
leptorrhiner Gaumen	brachystaphyliner Gaumen.

Diese Merkmale sollten konstant wiederkehren. In Wirklichkeit sind sie jedoch vollständig durcheinander gerüttelt durch fortwährende Kreuzungen, so dass wir sie nirgends rein finden — auch bei den ältesten Schädeln nicht.

Es ist wohl überflüssig, hier alle die Rassen aufzuzählen, die schon in Europa aufgestellt worden sind. Das

---

[1]) J. Kollmann, Über Schädel aus Pfahlbauten und die Bedeutung desjenigen von Anvernier für die Rassenanatomie. Verhdlg. der naturforschenden Gesellschaft in Basel. VIII Heft 1.

ist allgemein bekannt. Nur die Mischung der alten Europäer soll an ein paar Beispielen gezeigt werden.

Wenn Török[1]) in Ungarn findet, dass in einem Gräberfeld zwei Haupttypen existieren, ein dolichocephal leptoprosoper und ein brachycephal chaemoprosoper, unter denen er wieder zahlreiche mesocephale Zwischentypen konstatiert, so stellt er damit fest, dass auf einem einzigen ungarischen Gräberfeld alle vorkommenden Typen gefunden werden. Man kann wohl sagen, das ist bei einem Lande wie Ungarn, das durch alle von Osten kommenden Wanderungen zuerst überflutet wird, nicht zu verwundern. Es ist auch noch leicht erklärlich bei Deutschland, dessen Verhältnisse in dieser Beziehung ja so bekannt sind, dass ich nicht weiter dabei verweilen brauche.

Um ein Beispiel aus Frankreich zu nehmen, so untersuchte Topinard[2]) 28 m. 14 w. und 2 unbestimmbare Schädel aus der neolithischen Periode, die in der berühmten Grotte im Thal von Petit-Morin, Dép. Marne gefunden wurden. Dicht bei einander findet er, in demselben Thale, innerhalb derselben Horde mindestens 3 Rassen unter 44 Personen. Seine Resultate sind:

Index: Dolichocephal	22,7 o/o	
Mesocephal	50,0 o/o	
Brachycephal	27,2 o/o	
Hyperbachycephal	27,2 o/o	
Nasenskelett: Leptorrhinie	17	Schädel
Mesorrhinie	9	„
Platyrrhinie	8	„
Hyperplatyrrhinie	1	„
Orbita: Chamaekonchie	19	„
Mesokonchie	5	„
Hypsikonchie	13	„

---

[1]) Török. Der Kada Hügel von Alpár an der Theiss. Korrespondenzblatt der deutsch.-antrop. Gesch. XV. Jahrgang.

[2]) Topinard, Mesurations des crânes des Grottes de Baye, époque néolithique d'après les registres de Broca. Revue d'anthrop. de Paris 1866.

Gaumen: Leptostaphylie   22 Schädel
        Mesostaphylie   5   „
        Brachystaphylie   4   „

Die Tabelle zeigt, dass wir hier schon ganz enorme Mischungen vor uns haben.

In Frankreich ist die Überflutung immer noch leichter zu erklären als im äussersten Winkel Europas, in Spanien.

In einer Ecke Spaniens, im äussersten Südosten, am Gestade des Mittelmeeres, fanden die beiden Siret[1]) in einigen Gräbern, die der neolitischen Periode angehören, nicht weniger als die Kleinigkeit von fünf Rassen:

1. Eine Reihe von dolichocephalen Schädeln mit mittlerem (!) Index von 73,8 und langem Gesicht (also leptoprosope Dolichocephalen). Orbita hoch, Nase lang. Wie die Abbildungen zeigen, sehen die Schädel genau so aus wie die dolichocephaler moderner Engländer.

2. Eine kurzköpfige Rasse, ebenfalls mit langem Gesicht, hohen Augenhöhlen und langer Nase, also leptoprosope Brachycephalen.

3. Brachycephalen mit breitem, platten Gesicht, sehr prognath (chaemoprosope Brachycephalen).

4. Dolichocephalen mit breitem Gesicht (chaemoprosope Dolichocephalen) die sogenannte Cromagnonrasse der Franzosen.

5. Chaemoprosope Mesocephalen.

Indices: Dolichocephal   26,24 %
         Mesocephal   59,04 %
         Brachycephal   14,76 %
Nase: Leptorrhin (42—47)   47,85 %
      Mesorrhin (48—52)   41,30 %
      Platyrrhin (53—54)   10,87 %

---

[1]) H. u. L. Siret. Les priemiers âges dans le Sud Est de l'espagne. Résultats des fonilles faites par les auteurs de 1881—87. E'tude ethnologique par le Dr. V. Jaques. Anvers 1887.

Orbita: Chaemokonch (53 54) 50 %
Mesokonch (80 85) 25 %
Hypsikonch (85.1 etc.) 25 %.

Diese wenigen Beispiele zeigen zur Genüge, dass auch schon die ältesten menschlichen Ueberreste unter einander derart'g verschieden sind, das wir überall verschiedene Rassen annehmen können. Ich habe sie nicht vielleicht erst lange gesucht, sondern ich nahm das erste beste, das mir in die Hände fiel. An jeder beliebigen anderen Stelle, wo prähistorische Funde gemacht wurden, lasst sich Gleiches nachweisen, z. B. auch in Belgien, wo Honze[1]) schon zur Zeit des Mammut und des Ren Dolichocephalen und Brachycephalen fand.

Das Resultat, das uns bei den Untersuchungen der modernen Schädel entgegentritt, ist ungefähr das Gleiche, wenn nicht, was eigentlich in der Natur der Sache liegt, noch schlimmer.

Wenn Kollmann[2]) sagt, dass sich oft innerhalb eines einzigen Dorfes die Rassenschädel von ganz Europa oder sogar der ganzen Welt wiederholen, so behauptet er damit nichts zu viel.

Ich will aus der Flut der Litteratur über Messungen an modernen Europäern einiges herausgreifen.

Besonders ausgedehnt und gewissenhaft wurden die Untersuchungen in Frankreich vorgenommen, wobei sich Collignon grosse Verdienste erwarb.

Von grossem Interesse ist seine Monographie über die Côtes-du-Nord[3]). Collignon fand, dass die jetzige Bevölkerung der Côtes-du-Nord sehr gemischt sei; es

---

[1]) E. Honze, Les indices céphaliques des Flamands et des Wallons. Paris 1882.

[2]) J. Kollmann in den Vhdlg. der Naturf. Ges. zu Basel· VIII. Teil 2 Heft.

[3]) R. Collignon, L' anthropologie au conseil de revision; méthode à suivre. Son application à l'étude des populations des Côtes-du-Nord. Bull. de la Soc. d'anthrop. de France. Série IV. T I. 1 p. 736 ff.

8*

lässt sich eine Übereinanderlagerung von 4–5 Rassen-varietäten nachweisen. Die älteste derselben ist heute in das äusserste Nordende des Arondissements Lannion zurück-gedrängt. Sie ist dolichocephal, Mesorrhin, von kleinem Wuchs, dunklen Augen und Haaren und dunkler Haut. Das Gesicht ist hoch, aber zugleich breit im Niveau der Jochbogen, die Nase ist breit und kurz. Collignon betrachtet diese Merkmale als charakteristisch für die „quarternäre" Rasse Frankreichs, (die Iberer), für deren Überreste er jene Volksgruppen hält. Später drang von Osten eine ganz andere Rasse in's Land. Dieselbe war, vor ihrer Vermischung mit fremden Elementen, brachycephal, hatte braune Augen und Haare, war klein und mesorrhin. Das Gesicht war rund und flach, die Jochbogen hervor-ragend, die Nase kurz, breit und konkav. Ihre Ankunft in Europa sei wahrscheinlich in's neolithische Zeitalter an-zusetzen. Wir bezeichnen sie meist als Ligurer, was jedoch Collignon für falsch hält. Die Nachkommen dieser Rasse bilden den Hauptteil der heutigen Bewohner des Côte-du-Nord, und hielten sich am reinsten in der Mitte der Bretagne.

Viel später, in relativ moderner Zeit, (etwa 1800—2000 Jahre vor Chr.) kam von Osten eine neue Einwanderung von verhältnismässig geringer Kopfzahl, der erste Vorstoss der Blonden, die sich mit den vorhandenen Bewohnern innig mischten. Die Mischbevölkerung sind die Kelten.

Weitere Rassenelemente führte die römische Invasion hinzu. Diese glaubt Collignon besonders in der Bucht St. Briene nachweisen zu können, wo eine gesteigerte Brachycephalie zu finden ist.

Schliesslich kamen als letztes Element die Einwanderer von England, die Kymri (im anthropologischen Sinn, Brit-tanier im ethnologischen Sinn). Sie setzten sich besonders an 2 Punkten fest, im Osten bei Dinan, im Westen an der Mündung des Guer. Ihre Merkmale waren: hoher Wuchs, Dolichocephalie, langes schmales Gesicht, schmale, konvexe Nase. Diese einzelnen Elemente fluteten nun natürlich

hinüber und herüber. In einer anderen Abhandlung[1] ver-
öffentlichte Collignon seine Resultate über die modernen
Franzosen.

Er maass selbst 7000 Individuen, 1700 von Anderen
gemachte Beobachtungen standen ihm zur Verfügung,
sein ganzes Arbeitsmaterial belief sich also auf 8700
Nummern. Die Indices schwanken zwischen 97.09 und
65.3. Das Mittel ist 83.57. Das Minimum der Dép.
Indices fällt auf das Dép. Pyrénées orientales, das
Maximum auf das Dép. Jura. Die Verteilung der Blonden
und Brünetten fällt zusammen mit der der Lang- und
Kurzköpfigen.

Legt man eine Linie quer durch Frankreich von NO.
nach SW., so wohnen westlich davon die braunen und
kleinen Menschen, östlich die blonden und grossen.
Dolichocephalie und Brachycephalie dagegen scheiden
sich durch eine von NW. nach SO. gezogene Linie, von
der östlich die Dolichocephalen, westlich die Brachycephalen wohnen.

Die Region der Brachycephalen deckt sich merkwürdig mit der Erhebung über die 200 m. Linie, die
Maxima der Brachycephalie finden sich in dem am höchsten
gelegenen Départements (Vogesen, Jura, Morvan, Alpes
du Nord, höhere Berge des Centralplateaus. Nur im
Süden Frankreichs zeigt sich in den Berggegenden (Pyre-
näen, Süd-Cevennen und Voralpen) eine Neigung zur
Dolichocephalie.

Collignon glaubt diese Verhältnisse zurückführen
zu müssen auf die Konkurrenz dreier ursprünglicher
Rassen, einer dolichocephalen, kleinen, braunen (Race de
Cromagnon) die das südlichste Frankreich bewohnt hat,
einer brachycephalen, kleinen braunen (celte) im Zentrum
und im Osten Frankreichs, mit einer schmalen Fortsetzung
nach der Bretagne zu und einer grossen, dolichocephalen,

---

[1] R. Collignon, L' indice céphalique des populations fran-
çaises. L' anthrop. T. I. 1890. p. 201 ff.

blonden, die von Norden kommend, sich wie ein Keil in
die celtische Bevölkerung vorgeschoben hat und sie in 2
getrennte Regionen teilte, indem sie sich von der Schelde
bis zur Mündung der Garonne vorschob. Das klingt alles
sehr schön, aber doch muss es mit der grössten Vorsicht
aufgenommen werden. Man braucht sich nur zu ver-
gegenwärtigen, wie solche Hypothesen entstehen. So
lange es sich um Einwanderungen in historischer Zeit
handelt, sind ja die Beobachtungen zweifellos richtig.
Aber in praehistorischer Zeit lassen sich alle Hypothesen
aufstellen, die man nur aufstellen will. Man hat eine Anzahl von Schädeln aus einer Gegend und will man die
„Rassen" feststellen. Das Resultat dieses Experimentes
lässt sich stets mit Sicherheit voraussagen, wenn man nur
weiss, ob der Betreffende seine Rassen nur nach dem
Index oder auch nach anderen Momenten aufstellen will.
Ist ihm nur der Index maassgebend, so wird er, wie auch
durch eine grosse Zahl von litterarischem Material nachzuweisen ist, stets mit unbedingter Sicherheit 3 Rassen erhalten. Woher die Schädel stammen, das ist hierbei ganz
gleichgiltig. Ob es französische oder ostasiatische oder
westafrikanische Schädel sind, das ist völlig belanglos.
Man wird stets 3 Formen finden, nämlich eine dolichocephale, eine mesocephale und eine brachycephale.

Die Fortsetzung des Experimentes bietet nicht die
geringste Schwierigkeit. Natürlich verteilen sich die 3 Indices unter die zwanzig oder dreissig Schädel, die der
Untersuchende vielleicht besitzt, nicht vollständig gleich,
sondern er wird von einem Index die meisten Stücke haben.

Daraus ergibt sich für ihn ohne Weiteres die Aufstellung einer Hauptrasse. Sind unter 30 Schädeln 15
kurzköpfig, so nimmt man natürlich an, man habe in dem
betreffenden Lande eine brachycephale Urbevölkerung. Es
wird dann nicht schwer sein, in irgend einer benachbarten
Gegend eine dolichocephale Urbevölkerung zu finden. Diese
lässt man in prähistorischer Zeit einwandern, Reste von

ihr sind rein erhalten, alles Übrige ist resorbiert und so entstand eine mesaticephale Mischrasse.

Wenn alle prähistorische Kraniologie thatsächlich mit einem Material von 20 oder 30 Schädeln gemacht würde, so wäre das noch gut. Meist aber werden mit zwei oder drei Schädeln ganze Rassen konstruirt, oft genügt auch schon einer.

Nach dieser Abschweifung sind noch einige Zahlen aus der Kraniologie der modernen Europäer anzuführen. Weissbach[1]) fand unter 95 Griechenschädeln:

14 Dolichocephal
26 Mesocephal
27 Brachycephal
18 Hypsibrachycephal.

Nicolucci[2]) konstatirt in Italien

47.6 % Brachycephale
29.6 % Mesocephale
22.6 % Dolichocephale.

Hölder[3]) untersuchte 1000 Schädel auf Württemberg und fand:

1. einen dolichocephalen Typus (Germanen),
2. einen brachycephalen oder turanischen Typus,
3. eine andere brachycephale Kopfform, die als „sarmatischer Typus" bezeichnet wird.

Die langköpfigen Germanen haben einen Index von 70.4 - 77.9. Der turanische Typus ist bei der Ansicht von oben und hinten nahezu kreisförmig, extrem kurz. Der Längsbreitenindex desselben schwankt zwischen 87.9 und 89.3.

Der sarmatische Typus hat von oben gesehen eine stumpfe Eiform und ist weniger brachycephal als der Vorige.

---

[1]) Weissbach, die Schädelform der Griechen Mitt. der Antrop. Gesellsch. in Wien 1880

[2]) Nicolucci, Antropologie dell' Italia nell evo antico e nel moderno. Atti R. Acad. Sc. Fisiche e Matematiche Napoli 1887.

[3]) v. Hölder, Zusammenstellung der in Württemberg vorkommenden Schädelformen. Stuttgart 1876.

Langsbreitenindex 83.3 — 85.8. Neben diesen 3 Typen ist noch eine Anzahl von Mischformen zu unterscheiden, welche je nach der Menge (!) und dem Vorherrschenden einzelner Merkmale unter folgende Gruppen fallen:

Turanisch-germanische Mischform.

Sarmatisch-germanische

Sarmatisch-Turanische.

Turanisch-germanische mit wenig sarmatischer Beimischung.

Sarmatisch-germanisch mit wenig turanischer Beimischung

Sarmatisch-turanische mit wenig germanischer Beimischung.

Man sieht, es ist alles vertreten, was man nur verlangen kann. Eine dolichocephale, eine stark und eine schwach brachycephale Rasse und Mischungen derselben nach allen Dimensionen und Schattierungen.

Bei französischen Juden fand Ikow[1]).

Subdolichocephal 11 %
Mesocephal 19 %
Subbrachycephal 44 %
Brachycephal 26 %

Unter 87 Schädeln aus albanesischen Kolonien in Italien (Calabrien) sind nach Giulio Barroil[2]):

Dolichocephal 12
Subdolichocephal 22
Mesaticephal 21
Subbrachycephal 21
Brachycephal 11.

Tappeiner[3]) bemerkt bei Gelegenheit der Untersuchung von tiroler Schädeln Folgendes:

) C. Ikow, Neue Beiträge zur Anthropologie der Juden Archiv f. Anthrop. Bd. XV.

[2]) Giulio Barroil, Una gita fra i Calabro-Albanesi. Archivio per l'Anthrop. e la Ethnol. Vol. XVII.

[3] Tappeiner, Beiträge zur Anthropologie Tirols. Zschr. f. Ethnogr. 1886.

„In jeder Beingruft habe ich 3 Schädelformen gefunden. Die häufigste Form hat in der Scheitelansicht ein kurzes, hinten sehr breites Oval, so dass diese Schädel von oben fast wie ein gleichseitiges Dreieck mit stark abgerundeten Ecken aussehen. Bei der zweiten Form ist das Schädeldach in der Scheitelansicht fast viereckig und geht durch eine breite, kurze Ellipse bis beinahe zur Kreisform über. Die Schädel der dritten Form bilden in der Scheitelansicht ein mehr queres, in die Länge gezogenes, elliptisches Oval. Zwischen diesen drei Formen habe ich aber keine scharfe Grenze gefunden, sondern sie scheinen alle durch Mittelformen in einander überzugehen.

Bei der niederländischen Bevölkerung fand Lubach[1] zwei Haupttypen:

1. sog. friesischer Typus: Langovale, am Scheitel mehr oder weniger flache, verhältnissmässig nicht sehr breite Schädel. Das Hinterhaupt tritt oft stark hervor. Das Gesicht ist länglich oval mit nicht weit vorspringenden Jochbogen. Sehr grosse, gerade, oder auf dem Rücken mit einem Vorsprung versehene, zuweilen auch krumme Nase. Sehr hoher, aber meist stark nach vorn heraustretender, zuweilen sogar sehr zurückweichender, ziemlich breiter Unterkiefer. Das Kinn ist in der Regel sehr stark ausgeprägt, der Mund gross.

2. Der niederdeutsche Typus: Rundovale, am Scheitel gewölbte, öfters sehr breite Schädel. Hinterhaupt gar nicht oder nur wenig vorspringend. Wegen der Höhe des Mittelkopfes erscheint der Vorderkopf oft viel höher als er wirklich ist. Das Gesicht ist rund-oval, breiter als in der vorigen Form, mit stark vorspringenden Jochbeinen. Die Nase ist klein, zuweilen gerade und schmal, öfter jedoch stumpf und

---

[1] Lubach, Naturlijke historie von Nederland. Amsterdam 1868.

etwas dick. Das Kinn ist bald stärker, bald weniger hervortretend und im letzteren Fall oft spitz. Der Mund ist von sehr wechselnder Grösse.

Sasse[1]) untersuchte 18 Schädel aus den Dörfern Brock und Kolhorn in Westfriesland und fand dabei:

Dolicho- und Subdolichocephal 11 od. 61.1 %
Mesaticephal   2   11.2 %
Subbrachycephal   5   27.8 %

Bei 30 Tartaren aus Kassimow fand Besenger[2]):

     1 Dolichocephal
     3 Subdolichocephal
     3 Mesocephal
     8 Subbrachycephal
    15 Brachycephal.

Die Zahl dieser Beispiele könnte in's Unendliche vermehrt werden.

Freilich kommt es auch vor, das man irgendwo eine auffallende Uebereinstimmung der Schädelform findet.

So hat Fallot[3]) den Längsbreitenindex der Korsikaner untersucht und gelangte dabei zu folgendem Resultat:

1. Die Bevölkerung Korsikas zeigt in diesem Index eine seltene Gleichförmigkeit.
2. Der mittlere Index liegt zwischen 76 und 77.
3. In Korsika sind Köpfe von einem Index von 80 sehr selten. Nur die Gegend von Bastia macht hier eine Ausnahme.

Aber das sind einzelne Fälle, die gar nichts bestätigen. Denn wenn, was ja sehr selten ist, irgendwo einmal eine Schädelform besonders häufig auftritt, so müssen wir diese Erscheinung für ganz zufällig erklären.

---

[1]) Sasse, Schädel aus dem neuholländischen Westfriesland. Archiv f Anthrop. Bd. IX.

[2]) Besenger. Antropologische Skizze der Kassimowschen Tartaren. Moskau 1882

[3]) Fallot, Recherche sur l'indice céphalique de la population corse. Revue d'anthr. III. Sér. T. IV. 1889.

Keinesfalls dürfen wir, wie Welcker es that, von einem „deutschen Schädel“, einem „germanischen Typus“ sprechen. Das ist gänzlich ungerechtfertigt. Man könnte nun wohl sagen, das sei bei Europa ganz recht, würde aber in anderen Weltteilen jedenfalls anders sein.

Zunächst Asien:

Wir haben von Asien sehr wenig alte Reste. Allem voran aber steht der berühmte Pithecantropus.

Du Bois, ein holländischer Arzt, fand diese von ihm Pithecantropus erectus genannte Calva vor 3 Jahren in Trinil auf Java. Er publizierte den Fund, der grosses Aufsehen erregte, als Vertreter einer neuen Species, welche die Übergangsform vom Menschen zum Affen darstellen sollte. Es erhob sich ein Sturm von Jubel und Entrüstung. Gleichzeitig mit dem Schädeldach fand du Bois, in derselben Schicht nur 10—11 Meter entfernt, einen Oberschenkel, der bei oberflächlicher Betrachtung den Eindruck eines menschlichen macht und 2 Zähne, einen sehr gut erhaltenen und einen ganz abgeschliffenen, die denen eines Orang-Utang genau gleichen. Die Ansichten über den Fund waren verschieden. In England sagte man, es handelt sich unbedingt um einen Menschen, die Franzosen behaupteten die Reste stammten von einem Affen, und zwar von einem ungewöhnlich grossen Gibbon. In Deutschland endlich erklärte man das Schädeldach für das eines Gibbon, den Oberschenkel für den eines Menschen.

Soweit ich selbst es beurteilen kann (— ich kenne nur einen dem Berliner Museum für Völkerkunde gehörigen Gipsabguss), muss ich sagen, dass der Schädel allerdings grosse Ähnlichkeit mit dem eines Gibbon hat. Besonders die starke beiderseitige Einschnürung an den Brauen ist charakteristisch, auch die ganze Form des Schädeldaches. Jedoch vermissen wir vollständig die bei dem Gibbon so stark entwickelte Linea semicircularis, die sowohl beim Männchen als beim Weibchen vorkommt.

Ausserdem ist die Grösse des Fragmentes so bedeutend, dass wir auf ein Gehirngewicht von mindestens

900—1000 gr schliessen müssen, während das des Gibbon kaum je 150—200 gr überschreitet.

Ein Menschenschädel kann es ebenfalls nicht sein, dazu ist das occiput zu stark geknickt (der Winkel ist kleiner als ein Rechter) und kein Mensch hat so scharfe Einsattelungen an den Seiten der Stirne.

Es scheint sich hier also, wenn auch nicht um das missing link, wie Dubois behauptete, doch um irgend eine zwischen dem Affen und dem Menschen stehende Form zu handeln.

Der Schädel des Pithecantropus erectus ist zwar für die Rassenlehre nicht von Wichtigkeit, ich glaubte ihn aber doch der Vollständigkeit halber hier erwähnen zu müssen.

Ich will nun daran gehen, ein Bild unserer heutigen Ansicht über die Anthropologie Asiens, resp. noch besser Eurasiens — denn im Grossen und Ganzen kann man ja Europa von Asien nicht trennen -- zu entwerfen. Zweifellos fanden hier grosse Völkerwanderungen statt, über die wir leider noch sehr wenig orientirt sind und auch wohl niemals Klarheit bekommen werden.

Beginnen wir im äussersten Osten, so finden wir hier eine überraschende, sowohl physisch anthropologische als ethnographische Einheit. Er wäre abzuwarten, ob sich kraniologisch nicht auch hier noch Unterschiede finden lassen. Das Material, das uns über China vorliegt, ist nur sehr spärlich. Man hat auf Grund desselben bis jetzt scharf unterschieden zwischen Nord- und Südchinesen, aber es ist wohl zweifellos, dass hier noch andere Elemente hereinspielen und je weiter man vordringt, desto mehr gewinnt man auch hier den Eindruck grosser Mannigfaltigkeit.

Die Bewohner Japans und der Philippinen lassen sich nur schwer von den Chinesen trennen, doch enthalten sie auch ganz scharf von diesen geschiedene Elemente.

Bälz[1]) stellte in Japan 3 Typen fest:

1. Die Ainos, von denen Niemand weiss, wohin sie eigentlich gehören.
2. Den mongolischen Stamm, den besseren Klassen der Chinesen und Koreaner ähnlich, welcher vom Festlande über Korea eingewandert sich im Südwestteil der Hauptinsel zuerst niederliess und sich von da weiter über diese Insel verbreitete.
3. Einen deutlich malayschen resp. malayen-ähnlichen Stamm, der sich zuerst im Süden, auf Kiushiu niederliess und von hier auf die Hauptinsel übersetzend, diese allmälig eroberte.

Die Bevölkerung Japans ist zweiffellos sehr gemischt und unterscheidet sich wesentlich von den Chinesen.

Im Allgemeinen, wird man sich wohl entschliessen müssen, von der Ansicht, die Ostasiaten seien eine durchaus einheitliche Bevölkerung, zurückzugehen. Kraniologisch fehlt uns, wie gesagt, das Material. Man stützt sich gern auf die gelbbraune Hautfarbe. Ich hatte in Berlin Gelegenheit, öfters mit dort studirenden Japanern zu verkehren. Dabei fiel mir auf, dass dieselben durchaus nicht dunkler sind, als wir. Ich sprach darüber mit einem der Herren und derselbe erklärte mir, seiner Ansicht nach wäre das darauf zurückzuführen, dass die in Europa weilenden Ostasiaten sich „täglich" waschen. Was man für „Hautfarbe" hielte, sei bei seinen Landsleuten nur Schmutz!

Noch eher wäre vielleicht die Form der Augen charakteristisch. Aber es gibt Leute mit schief geschlitzten Augen quer durch ganz Asien und in ganz Europa. Es gab sogar eine Zeit, in der man schiefe Augen in Italien für ein Zeichen besonderer Schönheit hielt – alle italienischen Madonnen des 16. Jahrhunderts sind mit schiefen Augen dargestellt.

[1]) E. Bälz. Die körperlichen Eigenschaften der Japaner. Mitteilungen der deutschen Gesellschaft für Natur- und Völkerkunde Ostasiens. Yokahama 1883.

In Hinterindien scheint Brachycephalie vorzuherrschen, jedoch sind auch hier die Untersuchungen sehr spärlich.

Risley[1] führte im Auftrage des Gouvernements von Bengalen dort Messungen im grossen Stile aus, und fand bei 6000 Individuen 3 Typen:

1. Leptorrhin, prosopisch, dolichocephal. Hochgewachsen, langes, schmales Gesicht, verhältnissmässig helle Hautfarbe, grosser Gesichtswinkel (Panjab).

2. platyrrhin, mesoopisch (fast platyopisch) dolichocephal. Hochgewachsen, breites Gesicht, sehr kleiner Gesichtswinkel (Chota, Nagpore und Centralprovinzen).

3. Mesorrhin, platyopisch, brachycephal. Niedrig oder mittelhoch, breites Gesicht, kleiner Gesichtswinkel. (Längs der Nord- und Ostgrenze Bengalens).

In Indien selbst finden wir, wie besonders die Gebrüder Sarrasin in letzter Zeit nachgewiesen haben, eine ungeheure Mannigfaltigkeit der Rassen.

Wir müssen hier eines der dunkelsten Gebiete der Antropologie betreten, die Frage nach den „Indogermanen". Es steht damit im Zusammenhang die ganze Frage der Vorderasiaten, und in zweiter Linie die Frage nach dem Ursprung der Bevölkerung Europas im Allgemeinen.

Es ist zweifellos, dass es einen indogermanischen Sprachstamm gibt. Aber wir wissen, dass man nie die Begriffe Rasse und Sprache verwechseln darf. Es können zwei Völker somatisch sehr nahe verwandt sein, vielleicht sogar eigentlich eine Volkseinheit bilden, aber doch ganz verschiedene Sprachen reden. Eine Sprache kann sich im Laufe der Zeit sehr rasch ändern, man kann auch einem Volk gewaltsam eine neue Sprache in verhältnissmässig sehr kurzer Zeit aufzwingen. Man denke nur an die

[1] H. H. Risley. The study of ethnology in India. The journal of the anthropological institute of great Britain and Ireland. Vol. XX. No. 3. Febr. 1891

russischen Ostseeprovinzen. Heutzutage geht das mit Hilfe der Volksschulen ausserordentlich rasch; früher ging es natürlich langsamer, aber es ging doch.

Umgekehrt ist der Fall sehr häufig, dass anthropologisch ganz verschiedene Völker gleiche oder wenigstens verwandte Sprachen reden. Wer wollte alle die Leute, welche heute arabisch sprechen, für Semiten erklären?

Und gerade so ist es mit den sogenannten Indogermanen. Sie sprechen verwandte Sprachen, aber niemand wird die schwarze Urbevölkerung Indiens mit der geringsten Berechtigung für gleichartig mit den Briten halten.

Betrachten wir nun die Anthropologie Eurasiens in grossen Zügen, so finden wir zunächst in Europa ein Element, das zweifellos aus Asien stammt, die Juden.

In Vorderasien sassen, soweit unsere Kenntnisse zurückreichen, stets zwei völlig verschiedene Rassen neben einander, die sich vielfach unter einander mischten, sich aber bis heute unterscheidbar neben einander getrennt erhielten. In den Ländern, die man als Iran zusammenfasst, also in Persien mit seinen Nebenländern, haben wir eine ganz extrem hoch- und kurzköpfige Bevölkerung. Sie hat einen Index von etwa 90 und ist vielleicht die brachycephalste Rasse, die es überhaupt gibt. Andererseits, nur durch den mesopotamischen Stromgürtel getrennt, haben wir die arabische Halbinsel, die wir als den eigentlichen Stammsitz der Semiten betrachten müssen und von der aus ein grosser Teil der Mittelmeerländer bevölkert worden ist.

Die kleinasiatische Halbinsel ist von Iran unabhängig und dieselben Leute, die wir in Persien in dichter Menge vorfinden, können wir schon im Altertum und noch heute über den grössten Teil von Kleinasien zerstreut nachweisen. Die Verhältnisse in der arabischen Halbinsel sind seit Jahrtausenden ohne Zweifel dieselben geblieben. Wir haben hier überall eine einheitliche Bevölkerung, die ähnlich wie es bei einzelnen europäischen Völkern der Fall ist, ein grosses Auswanderungsbedürfniss hat, da sie sich stärker vermehrt, als es die Verhältnisse des Landes gestatten. Wir können heute noch sehr gut beobachten, dass am Nordende der arabischen Halbinsel fortwärend Beduinenschaaren ausschwärmen. Die Schammar und Anazé sind gegenwärtig die hervorragendsten Träger dieser Bewegungen.

Sie wandern hinauf nach Mesopotamien.

Im Altertum gingen die Züge nach derselben Richtung. Sie wandten sich auch westwärts über die Sinai-Halbinsel und bevölkerten Aegypten, dessen Bewohner nichts mit der negerhaften Bevölkerung des übrigen Afrika zu thun haben.

Wie haben wir uns nun diese Semiten zu denken? Man nahm früher an, sie sähen aus wie die Semiten, die wir in Europa zu kennen glaubten, die Juden.

Das ist einer der merkwürdigsten Irrtümer, unter dem die Anthropologie jemals gelitten hat.

Alles, was wir an unseren Juden kennen, Kopfform, Schulterhaltung, Gang, die charakteristische Art, die Hände zu bewegen etc. all das würden wir bei den Semiten vergebens suchen. Diese sind sehr dolichocephal, die Nase ist klein, die Füsse werden beim Gehen stark nach auswärts gestellt, die Körperhaltung ist straff und elastisch.

Wo wir die ausgeschwärmten Semiten verfolgen können, finden wir, dass sie genau so aussehen, wie ihre arabischen Stammesgenossen, oder dass sie in weit entlegener Vorzeit auf Leute gestossen sind, denen sie ihre Sprache, vielleicht auch ihre Schrift gegeben haben um dann aber in ihnen aufzugehen. Und das Letztere ist der Fall an der syrischen Küste und in den Libanonländern.

In alter, vormykenischer Zeit, vielleicht 2000 Jahre vor Christi Geburt, sass in diesen Gebieten eine homogene Bevölkerung, die nichts mit den Semiten zu thun hatte. Sie war charakterisiert durch grosse Nase, breiten, kurzen und hohen Schädel; ihre Sprache beginnen wir jetzt allmählig kennen zu lernen und es ist nur noch eine Frage der nächsten Jahrzehnte, dass wir sie ganz kennen werden. Luther nennt sie in seiner Bibelübersetzung Hethiter. Man schreibt den Namen auf sehr verschiedene Art: Katti, Hitti, Hittites (engl.). Sergi nennt sie Etei.

Aus ägyptischen Quellen aus der Zeit des zweiten Ramses wissen wir, dass sie ein grosses Reich hatten, das den Aegyptern sehr gefährlich war. Sie unternahmen Eroberungszüge und allgemein bekannt ist das Heldengedicht des Pentaur, in welchem der Sieg Ramses II über die Hetäer besungen wird.

Der Sieg war jedenfalls ein pyrrhischer, denn ihm folgte ein Kompromiss in Form einer Heirat des Aegypter-Königs mit der Königstochter der Hetäer. Dann kennen wir eine Reihe von Nachrichten über geringe Zwistigkeiten.

Nach der Aufrichtung der grossen assyrischen Königsreiches kommen aus den assyrischen Quellen Nachrichten zu uns, die uns zeigen, dass wir es mit einem grossen Reiche zu thun haben, das im 9. Jahrhundert seine Blüte erreichte. Dann zerfällt es und die einzelnen Staaten machen den Assyriern noch viel zu schaffen.

Die Hauptstadt derselben ist nicht mehr wie in der Zeit des Ramses Kades, sondern Karkemisch in der Nähe des Euphrat, das im 8. Jahrhundert eingenommen und zerstört wird. Im 7. Jahrhundert besteht noch eine Reihe unabhängiger Staaten, die dann allmählig unter assyrische Herrschaft kommen. Die Dynastien werden ausgerottet oder in entlegene Teile des assyrischen Reiches geschickt. Ferner wissen wir aus assyrischen und neubabylonischen Quellen, dass mit dem Sturz des assyrischen Weltreiches die Provinzen zu Persien, Byzanz etc. fallen. Gegen den Anfang des Zerfalles des Hetäerreiches fallen auch die biblischen Quellen, wo uns die Hetäer als politisch unbedeutend entgegentreten. Sie bilden kein Staatswesen, sondern werden nur genannt neben Edomitern etc.

Die Angaben der Bibel sind schon so jung, dass wir uns nicht mehr ein klares Bild über die wirklichen Verhältnisse machen können.

Unter allen Umständen aber sehen wir, dass an der

ganzen syrischen Küste und überall in den Ländern des
hohen Taurus eine völlig homogene Bevölkerung sass.
Auch die Kultur war völlig einheitlich in sich abgeschlossen;
sie besassen eine eigentümliche Bilderschrift, die wir jetzt als
die hetäische Hieroglyphenschrift bezeichnen.

Wir wissen aus Ausgrabungen und Felsenreliefs in
Kleinasien, dass dieselbe Rasse auch noch im südlichen
Kleinasien sass, etwas weniger kompakt auch das nörd-
liche Kleinasien bewohnte und in ziemlich gedrängter
Masse die Gegend um den Wannsee bewohnte, wo heute
noch das Hauptcentrum der Armenier ist.

Wollen wir versuchen, zu sehen, was aus dieser alten
Bevölkerung geworden ist, so müssen wir zunächst die Leute
derselben Gegend ansehen. Wir finden, dass überall da,
wo einem Zuzug von aussen her irgend ein Hinderniss ent-
gegenstand, auch heute noch eine völlig homogene Bevölkerung sitzt, die aussieht, wie sie früher in der Zeit
Rames II aussah.

Vor allem die heutigen Armenier lassen sich gar nicht
von ihnen unterscheiden. Im Süden von Kleinasien sitzen
die Kizil-Baschen, Tachlari, Hamsarije etc., Sekten, die
gerade so aussehen und in Mesopotamien und überall in
den Dörfern des Libanon und Antilibanon finden wir die
gleiche Bevölkerung.

Sprachlich ergibt sich, dass verschiedene fremde Elemente zu den alten Syriern gekommen sind.

Vor allem sind es semitische. Die Einwanderung der
Semiten aus der arabischen Halbinsel wird verkörpert durch
Abraham, der den Vorderasiaten ja auch der Erfinder der
Schrift und der Religionsstifter ist. Wie stark die Ein-
wanderung war, wissen wir nicht. Aber wir wissen, dass
sie einen ungeheueren Aufschwung für die Kultur zur Folge
hatte, vor allem das Aufgeben der Bilderschrift und die
Annahme eines Alphabetes, das wir als alt semitisch und
alt aramäisch kennen und das die Wurzel für alle modernen
Alphabete ist.

Auch die semitische Sprache wurde angenommen und die semitische Religion.

Die Semiten selbst jedoch verschwanden, sie wurden von der Urbevölkerung resorbirt, die sich nun nach Westen weithin ausbreitete, und, fortwährend im Rücken von den Semiten gedrängt, ganz Südeuropa überflutete. Daher die brachycephalen Elemente in der Bevölkerung von Süd- und Mitteleuropa.

Wir haben also in Europa ein asiatisches Element, die Hetäer.

Wie ist es aber mit den übrigen Europäern?

Auch wenn wir absehen von den aussichtslosen Bemühungen, eine indogermanische Rasseneinheit aufrecht zu erhalten, drängt sich uns immer wieder die Frage auf, was es für eine Bewandtniss hat mit den dolichocephalen, blonden Leuten, die einen so grossen Prozentsatz von Dänemark, Skandinavien, Norddeutschland, Grossbrittanien — wo sie im Kampfe mit den brünetten Irländern stehen - bildet.

Wir sind gewöhnt, diesen Typus als den „Germanischen" zu bezeichnen, die meisten Leute scheuen sich nicht, ihm als den „ararischen" in Anspruch zu nehmen.

Als die Irrlehre von der indogermanischen Rasseneinheit spuckte, war es Mode, Asien als die Quelle alles Schönen und Guten zu betrachten und so mussten auch die blonden Urgermanen aus Asien kommen und zwar irgend woher aus dem indischen Stromgebiet, wo man die Heimat des Sanskrit vermutete. Dann gab es eine ausgesprochene Reaktion gegen diese Ansicht, man versuchte die Heimat der Germanen auf dem Pamir-Plateau zu suchen ein Gedanke, der geradezu unbegreiflich ist, weil auf dem Pamirplateau überhaupt Niemand leben, noch weniger sich eine Rasse entwickeln kann.

Dann wollte man irgendwo in den Wolga-Steppen oder in den Steppen des Don und Dniepr mit ihrem ewigen Nebel die Stelle finden, wo die dunklen Indier ausgebleicht wurden. Wieder andere haben sich bemüht, Skandinavien selbst als die Heimat dieser Leute nachzuweisen, ausgehend von dem Gedanken, dass auch in den anderen Gebieten blauäugige Leute vorkommen aber gerade in diesen Ländern kompakt auftreten und nicht nur die Mehrheit bilden, sondern fasst einheitlich sind.

Wir können uns aber auch vorstellen, dass es eine Zeit gab, nämlich die letzte Eiszeit in welcher ein grosser Teil des nördlichen Europa unbewohnt war, weil übergletschert und weil eben Lebewesen höherer Art nicht dauernd auf Gletschern wohnen können. Die Langschädel kamen dabei vorbei, breiteten sich aus, wo Platz war. Diesen Platz fanden sie aber eben da oben, wo sie nun sitzen. Vielleicht kamen früher andere Leute vorbei, die aussahen wie z. B. heute die Irländer, kleine Brachycephalen, die dann, weil sie alles vergletschert fanden, weiter wanderten. Bis dann die grossen, blonden Dolichocephalen anrückten, war das Land eisfrei, sie konnten bleiben.

Woher sie kamen, wissen wir damit freilich nicht, wir wissen nur, dass sie nicht von je her ihre Heimat da hatten, wo sie heute am Kompaktesten sitzen.

Für uns steht fest, dass die Hypsibrachycephalen sich nicht auf Syrien und Kleinasien beschränken, sondern sehr früh auswanderten und ganz Europa durchwandert haben, mit anderen Elementen vermischt wurden, die wir als die Rentierfranzosen kennen und mit allerlei sonstigen Elementen, deren Wanderungen so weit zurückliegen, dass wir keine Aussicht haben, sie jemals zu ergründen.

Alle diese Theorien sind nun wohl sehr interessant und geistreich, aber wir dürfen nicht vergessen, dass sie ihre zwei bis sechs Seiten haben. Sie geben uns ein Bild aus der Vogelperspektive. Man sieht hier Kurzschädel und dort Kurzschädel – wer verhindert uns, sie für eines Stammes zu erklären? Niemand kann uns das Gegenteil beweisen, aber die Beweise dafür stehen ebenfalls auf schwanken Füssen.

Wenn man alle gleich geformten Schädel, die man irgendwo in der Welt findet, für zur gleichen Rasse gehörig erklärt, so kann man natürlich eine Anzahl von Rassen aufstellen. Man sagt, an irgend einer Stelle kommt heute diese oder jene Schädelform sehr zahlreich vor. Ich kann das wohl für Zufall erklären, will aber annehmen, sie wäre die Urform jener Gegend. Dort sassen in Urzeiten z. B. nur Hypsibrachycephalen, was heute anders ist, ist von aussen hineingekommen. Und diese Urform lässt auf eine Urrasse schliessen, welche aber nicht an jener Stelle sitzen blieb, sondern ihre Zweige überall hin aussandte. Deshalb finden wir auch in der ganzen Welt noch Hypsibrachycephalen, welche bald kompakter, bald nur zerstreut vorkommen und alle als Nachkommen jener Urrasse zu betrachten sind.

Das ist in grossen Zügen das Rezept, nach welchem Rassen konstruirt werden.

Die Rechnung stimmt, wenn wir thatsächlich nachweisen können, dass irgendwo einmal in praehistorischer Zeit in einer Gegend nur e i n e Schädelform vorkam. Meine folgende Ausführung über die Verhältnisse in Amerika soll zeigen, dass dort in praehistorischer Zeit viel mehr als heute s o g a r a l l e Schädelformen in ungefähr g l e i c h e r Zahl nebeneinander vorkamen. Was Amerika anbetrifft, so hat Kollmann[1]) eine vorzügliche Arbeit über die dortigen alten und modernen Rassen publizirt, die eigentlich Alles sagt, was hierüber zu sagen ist. Ich werde mich daher im Folgenden wesentlich an seine Untersuchungen anschliessen.

Wenn wir irgendwo erwarten dürfen, eine wenig gemischte Bevölkerung vorzufinden, so ist es bei den Amerikanern. Man war ganz besonders in früherer Zeit der Ansicht, hier sei, wie sonst nirgends, eine kompakte, in sich geschlossene Bevölkerung vorhanden und wir wären auch theoretisch zu diesem Schlusse berechtigt. Aber in Wirklichkeit hat Amerika ebenso wie jeder andere Weltteil eine

¹) J. Kollmann, hohes Alter der Menschenrassen, Zschr. f. Ethnogr. 1881. Bd. XVI.

Unzahl von Mischtypen aufzuweisen und zwar sind es heute noch genau dieselben Formen wie in uralter Zeit.

Ich möchte gleich an dieser Stelle auf die Hypothese von der Entstehung der Rassen zurückkommen. Angenommen, der Mensch hat sich aus einer niederen Form, wir wollen bei dem Dryopithecus bleiben, entwickelt, so müssen wir unbedingt eine ursprüngliche Einheit des Menschengeschlechtes annehmen. Unter gleichen Bedingungen muss notwendig aus Gleichem Gleiches entstehen. Es müsste also eine einheitliche Urrasse da sein, aus der sich die übrigen nach und nach abzweigten. Mit anderen Worten, die rassenanatomischen Merkmale müssen in Urzeiten noch nicht vorhanden gewesen sein, wenigstens nicht in dem Maase, wie heute.

Würden wir finden, dass es einmal auch nur grosse, einander völlig gleiche Gruppen gegeben habe, Urrassen, die neben einander hergingen, scharf gesondert, dass sie sich dann immer mehr mischten und so den heutigen Zustand herbeiführten, so hätten wir allen Grund, die Lehre von der Rassenschädelform anzuerkennen. Wenn wir auch nicht hoffen dürften etwas zu erreichen durch ihre Anwendung, so stünde sie doch wenigstens auf einem festen Grunde.

Hier gibt uns besonders der amerikanische Kontinent sehr interessante Aufschlüsse.

Aus einer Epoche, die etwa unserem Diluvium entsprechen dürfte, fand man Steinwerkzeuge, Schlagmarken an Knochen, Feuerstätten etc. und ausserdem unter anderen menschlichen Resten auch noch gut erhaltene Schädel. Und nun ist das Merkwürdige, dass diese Schädel ganz genau den modernen gleichen, dass sie ganz genau dieselben sind wie die der heutigen Indianer. Daraus folgt ohne weiteres, dass die amerikanischen Ureinwohner sich seit dem Diluvium somatisch absolut nicht verändert haben.

Folgende diluviale amerikanische Schädel sollen zum Vergleiche herangezogen werden:

1. Calaveras Schädel (Californien).
2. Der Schädel von Rock-Bluff (Illinois).
3. Schädel aus den Pampas von La Plata.
4. Schädel von Lagoa-Santa (Centralbrasilien).
5. Der Schädel von Pontimelo (Buenos-Ayres).

Die einzelnen Funde sollen kurz geschildert und auf ihre Uebereinstimmung mit den modernen Indianerschädeln untersucht werden.

Der Calaveras-Schädel wurde 130 Fuss unter der Oberfläche und unter einer Lavaschicht gefunden, in der Nähe einer versteinerten Eiche. Erhalten sind von ihm nur die Stirn und das Obergesicht, das genügt jedoch zur Beurteilung vollständig.

Der Schädel scheint von einem alten Mann zu stammen, da alle Zähne bis auf einen Molaren rechts intra vitam verloren, die Alveolen meist resorbirt sind. Die Stirn ist breit, gut entwickelt, die Augenbrauenbogen sind stark ausgeprägt, der untere Rand der Ap. pyrif. nicht scharf, die Wangenbeine stehen hervor. Die folgende Tabelle gibt eine Reihe von Schädelmaassen von jetzt lebenden Indianern, verglichen mit den Maassen des Calaveras-schädels. Man ersieht daraus, dass er durchaus keine Ausnahmestelle einnimmt:

	Schippeway	Sunshine	Crow-Foot	Red-Jacket	Litte-Cheyenne	Black-Bird	Calaveras
Breite . .	150.	146.	153.	147.	151.	148.	150.
Stirnbreite	104.	109.	119.	120.	111.	107.	101.
Gesichtshöhe	116.	123.	121.	123.	121.	125.	111.
Oberkieferhöhe .	75.	70.	80.	84.	87.	70.	61.
Jochbreite	140.	139.	158.	157.	153.	146.	145.
Nasenlänge .	49.	55.	56.	58.	54.	51.	46.
Nasenbreite	35.	38.	39.	38.	36.	39.	27.
Unterkieferhöhe	45.	52.	47.	40.	50.	55.	55.
Gesichtsindex .	82.8	89.1	76.5	78.3	79.	85.6	76.3
Oberkieferindex	53.4	54.6	50.6	53.5	56.8	52.7	42.0
Reducirter Oberkieferindex } .	46.4	43.1	44.2	47.1	50.9	45.2	42.

Bei der Beurteilung ist natürlich der Umstand in Betracht zu ziehen, dass die Knochen bereits im fossilen Zustand sind, also ohne alle organische Substanz, eine grosse Quantität des phosphorsauren Kalkes ist durch kohlensauren Kalk ersetzt, der Schädel ist stark ein-geschrumpft.

Der Schädel von Rock-Bluff stammt wahrschein-lich aus der Champlain Epoche, wurde 1866 gefunden, 100' über dem Flussbett in einer Felsenspalte von 3' Breite. Er stammt von einem Manne in vorgerücktem Alter. Der Schädelraum beträgt ca. 1420 ccm, ist also gross genug, um ein voll entwickeltes Gehirn aufzunehmen. Der Schädel ist dolichocephal, mit einem Index von 74, mässig hoch, mit einem Längshöhenindex von 71.5, Das Gesicht ist niedrig, chamaeprosop und damit stimmen die einzelnen Partien des Gesichtes überein. Der Orbitaleingang ist nieder (76.7), der Gaumen mesostaphylin (84.8), reicht aber nahe an die Grenze der Brachystaphylinie hin, die Nase ist, infolge der schmalen Apertur, mesorrhin. Der Schädel ist phaenozyg.

Über Skelette aus der diluvialen Zeit Südamerikas liegen mehrere Angaben vor, z. B. von Ameghino.[1]) Er fand im Untergrund der Pampasformation eine fossile Fauna und mitten unter ihr wiederholt deutliche Spuren von Menschen. Knochen mit Schlagmarken, zerschlagene, durchbohrte, angebrannte Knochen, Kohle, gebrannte Erde, Knochen- und Steinwerkzeuge und Menschenreste. Ameghino brachte Belege für die Gleichzeitigkeit des Menschen mit den grossen ausgestorbenen Edentaten Südamerikas. An den Ufern des Rio Negro in Patagonien fand Moreno in

[1]) Fl. Ameghino, l'homme préhistorique dans la Plata. Re-vue d'Anthr. le Sér. II 1879.

Fl. Ameghino, Armes et instruments de l'homme préthis-torique des Pampas. Revue d'Anthr. T III. 1880.

Fl. Ameghino, l'antiquité de l'homme à la Plata. 2. Bd Spanisch. Referat in der Revue d'anthr. 1882. T. V. (Citat nach der R. d'anthr)

einer Tiefe von etwa 4 m in einem Lager von sandigem Lehm, ähnlich dem des quarternären Löss der Pampas, einen Schädel, und einen anderen in 2 m Tiefe in Dünen, die aber heute fest sind.

Die Form der Schädel wird als identisch mit amerikanischen Formen bezeichnet. In Brasilien fand Dr. Lund aus Kopenhagen eine grosse Zahl, mehr als 30 prähistorische Schädel. Er war der Ansicht, dass sie alle unverkennbar die Merkmale der amerikanischen Rasse an sich tragen. De Quatrefages[1]) untersuchte die Schädel später und kam zu dem Schlusse:

1. In Brasilien wie in Europa lebt der Mensch gleichzeitig mit mehreren jetzt ausgestorbenen Säugetieren.

2. Der fossile Mensch, den Lund in den Höhlen von Lagoa Santa entdeckte, lebte sicherlich zur Renntierzeit.

3. Der fossile Mensch in Lagoa Santa unterscheidet sich von allen fossilen Europäern durch verschiedene Merkmale.

4. In Brasilien wie in Europa hat der fossile Mensch seine Nachkommen hinterlassen, welche die noch heute vorhandene Bevölkerung darstellen.

Nach Kollmanns genauen Untersuchungen steht unzweifelhaft fest, dass sich der prähistorische Amerikaner in nichts von dem heutigen unterscheidet, dass es damals schon grosse und kleine Individuen, Lang- und Kurzköpfe gab. An einer anderen Stelle[2]) gibt Kollmann eine Anzahl von Tabellen über die amerikanischen Schädelformen, mit

---

[1]) A. de Quatrefages, l'homme fossile de Lagoa santa (Brésil) et ses descendents actuels; in Nachrichten der kais. russ. Gesellschaft der Freunde der Naturkunde zu Moskau. XXXV. Teil 1, Heft 3. 4.

[2]) Kollmann. Die Antochthonen Amerikas. Zschr. für Ethno. Bd XV. 1883

dazu gehörigen Curven. Ich will zunächst die Tabellen abgekürzt wiedergeben, da sie ein vorzügliches Gesammtbild liefern.

I. Längenbreitenindex einer Anzahl von Autochthonen Amerikas und zwar von

Eskimoschädel	127
Nordamerik. Indianer	917
Central- und Südam. Indianer	248
Zus.	1292

Es waren davon:

Dolichocephal	22.77 %
Mesocephal	35.92 „
Brachycephal	22.60 „
Hyperbrachyc.	14.3 „
Skoliopädisch	4.55 „

(Kurve A)

II. Längenbreitenindex von 917 nordamerikanischen Indianern, mit Ausnahme der Mexikaner, die zu Südamerika gestellt wurden:

Dolichocephal	15.75 %
Mesocephal	40.26 „
Brachycephal	25.81 „
Hyperbrachycephal	11.96 „
Skoliopädisch	4.48 „

(Curve B.)

III. Längenbreitenindex von 248 Central- und südamerikanischen Indianern (inkl. Mexikaner)

Dolichocephal	16.54 %
Mesocephal	29.02 „
Brachycephal	19.79 „
Hyperbrachycephal	27.73 „
Skoliopädisch	7 „

(Curve C.)

IV. Längenbreitenindex von 208 präcolumbischen Bewohnern Amerikas (Mound-Builders etc.) ausgeschlossen die Alt-Peruaner.

Dolichocephal   12.50 %

Mesocephal   23.00 „

Brachycephal   22.00 „

Hyperbrachycephal   20.65 „

Skoliopädisch   17.76 „

(Curve D.)

Ich habe auf Tafel II die 4 Curven übereinander gezeichnet, um den Vergleich zu erleichtern.

Die Curven sind ausserordentlich lehrreich. A, B und C, also diejenigen Curven, welche moderne Amerikaner in Betracht ziehen, erreichen ihren Höhepunkt in der Mesocephalie und fallen dann nach beiden Seiten sehr rasch ab.

Die Curve D dagegen gibt uns ein ganz anderes Bild. Sie erreicht nirgends einen auffallenden Höhepunkt, sondern sie verläuft ganz ruhig und gleichmässig durch Dolichocephalie, Mesocephalie und Brachycephalie.

Es ist also hiedurch der Beweis geliefert, dass unter den praecolumbischen Rassen alle Schädelformen neben einander in ungefähr gleich grosser Zahl vorgekommen sind, dass es, mit anderen Worten, einen ursprünglichen amerikanischen Schädel nie gegeben hat.

Wir haben uns also jedenfalls die Verhältnisse in Amerika so zu denken, dass es hier seit Urzeiten alle nur erdenklichen Schädel neben einander gegeben hat, die auch heute noch in gleicher ursprünglicher Form vorkommen. Es ist ja möglich, dass sich irgend an einer Stelle gerade ein Typus häufiger findet, als an einer anderen. Ob wir dann eine eigene Rasse konstruiren dürfen, bleibe dahingestellt.

Um meine Behauptungen nicht auf Kollmann allein zu stützen, sind noch einige andere Beweise aus der Litteratur anzuführen.

Sehr instruktiv sind die Messungen von Carr[1]) an alten Schädeln aus Tenessee. Er fand sehr bedeutende

[1]) L. Carr. Observations on the crania from the Stonegraves in Tenessee in II. Ann. Rep. of the Peabody Museum Vol. II. p. 361—84.

Unterschiede bei Schädeln, die einem und demselben Volke angehören. Alle Schädel waren mehr oder weniger prognath, 21 waren in grösserem oder geringerem Grade hinten abgeflacht, also skoliopädisch, 38 gar nicht oder fast gar nicht. Die Abgeflachten werden bei der Berechnung der Indices ausgeschieden, die Übrigen folgendermassen eingeteilt:

	Zahl	Länge	Breite	Höhe	L.B.Ind.	L.H.Ind
Dolichocephalie (bis 73)	5	184	132	142	71.6	77.5
Orthocephalie (74–79)	18	172	134	141	77.5	81.9
Brachycephalie (80–89)	29	165	141	142	85.6	86.5
Skoliopädie (90 etc.)	15	156	152	145	97.3	90.7

Sergi[1] fand unter 12 Feuerländern lange und kurze Köpfe und schliesst daraus, hier seien mindestens „2 amerikanische Menschenrassen gemischt".

Ramon Lista[2] maass in demjenigen Territorium Patagoniens, das zwischen dem Rifo Chico und der Magelhaes Strasse liegt, 30 Schädel, 7 waren deformirt davon.

Die Indices schwanken zwischen 71 und 94.6. Es kamen vor:

Dolichocephal 71.0, 72.6, 73.1, 73.9.

Mesocephal 75.3, 76.2, 76.3, 77.1, 77.5.

Brachycephal 86.8, 80.2, 80.2, 80.7, 83.8, 83.9

Hyperbrachycephal 90.9, 94.6.

Ehrenreich[3] fand bei den im Kuliseugebiet wohnenden, teils den Karaiben, teils den Un-Areak-, den Tupi-Stämmen angehörigen, teils isolirten (Trumai) Völkern, dass dort „alle Indices von Dolichocephalie bis starker Brachy-

---

[1] Sergi. Antropologia fisica della fuegia. Atti della R. Academia medica di Roma. Anno XIII. Série II. Vol. III p. 1—40.

[2] Ramon Lista Mis esploraciones y descubrimientos en la Patagonia. Buenos Ayres 1886.

[3] P. Ehrenreich, Erläuterungen zu Photographien von Völkertypen aus Centralbrasilien. Corresp. Bl. d. deutsch. Gesch. f. Anthr. Ethnol. u. Urg. 1890.

cephalie in buntem Gemisch" vorkommen. Auch die Gesichter aller dieser Stämme zeigen sehr verschiedenen Bau.

Ten Kate[1]) machte 1888/98 die von Frank Hamilton Cushing geleitete Hemenwaysche Expedition nach Arizona mit und untersuchte speziell die Pima-, Papago- und Maricopa-Indianer. Sehr variirend fand er die Kopfform der Pima und Papago (35% brachycephal, 21% mesocephal, 42% dolichocephal). Seltener ist Dolichocephalie bei den meist brachycephalen Maricopas. Im Ganzen wiederholen sich in Mexiko die verschiedenen Indianertypen, welche man in Nordamerika und in Teilen Südamerikas findet, in auffallender Weise. Von Einheitlichkeit des Typus ist hier ebenso wenig die Rede, wie dort. Wie gewisse Anthropologen behaupten wollen, dass die Eingeborenen Amerikas eine homogene, nur sich selbst vergleichbare Rasse bilden, ist unbegreiflich. Linguistisch, Ethnologisch und Kulturhistorisch mögen die Indianer eine Rasse bilden, aber auch das ist gewiss noch fraglich. Im physisch anthropologischen Sinn sind sie nur als Mongoloiden aufzufassen.

Nach allen diesem ist es nicht zu verwundern, wenn Virchow[2]) sagt: „Die physiognomischen Merkmale der amerikanischen Köpfe zeigen eine so ausgesprochene Verschiedenheit, dass man endgiltig darauf verzichten muss, einen allen amerikanischen Eingeborenen gemeinsamen, allgemeinen Typus zu konstatiren."

Noch bleibt Afrika als ultima spes. „Neger" müssen wohl eine Rasse sein.

Ich sehe ab von den am Mittelmeer wohnenden Afrikanern, die wir ja eigentlich nicht zu Afrika rechnen dürfen. In Afrika fallen uns auf den ersten Blick eine Reihe von Gruppen auf. Nilaufwärts schiebt sich ein grosser Keil bis hinab nach Nubien und in die oberen Nilländer, der

---

[1]) Ten Kate. Ethnog. u antrop. Mitteilg. aus dem amerik. Südwesten und aus Mexiko. Vhdl. d. Berl. Ges. f. Anthr. 1889.

[2]) R. Virchow, La craniologie américaine Congres international des Américanistes. Compte rendu de la septième Session. Berlin 1888.

mit zum Nordrand zu rechnen ist, nämlich die Aegypter.
Gerade so wie sie, sind von den eigentlichen modernen
Afrikanern die Leute des äussersten Südens abzuziehen,
die Buschmänner und Hottentotten. Es bleiben noch eine
grosse Anzahl Völker, die wir unter dem Namen der
Bantu kennen und die vom Kunene bis weit herauf über
den Aequator, im Westen bis nach Kamerun reichen.
Nördlich von diesen sitzt wieder eine andere, wenig einheitliche Masse, die man gewöhnlich als Sudanvölker bezeichnet. In sie hinein sehen wir die Völker am oberen
Nil geschoben, die Dinka, Schilluk, Bari etc. die gar
keine Gemeinschaft mit den Bantu und den richtigen Sudanesen haben. Wir haben dann noch kleinere Völkermassen,
die Galla und die Somalvölker am Osthorn von Afrika,
die wieder nichts zu thun haben mit ihren Nachbarn und
nur verständlich werden, wenn wir die unmittelbare Nachbarschaft des Osthornes mit Arabien in Betracht ziehen.
Das ganze rote Meer ist ja keineswegs völkertrennend,
sondern es ist eine Völkerbrücke und an manchen Stellen
kann man ja sogar von Land zu Land sehen. Afrikaner
sind nach Arabien, Araber nach Afrika gezogen, die Somals
sind nicht scharf zu trennen von den Arabern von Hadra-
maut.

Dann reichen kleinere Stämme in die Seenregion
herab, Kenia und Kilima-ndscharo, die Massai und ihre
Verwandten, die ebenfalls nichts negerhaftes haben, nicht
Neger im engern Sinn des Wortes sind, weder Bantu noch
Sudanesen, sondern eine Gruppe für sich bilden und nirgends
anders als in Arabien angeschlossen werden können, ob-
gleich viele Jahrtausende vergangen sein mögen, ehe sie
in Afrika heimisch geworden sind.

Im Gebiet der Bantu zerstreut leben die Ureinwohner,
die Pygmäen.

Als „Zwerge“ dürfen wir sie nicht bezeichnen, denn
unter solchen verstehen wir rachitische Leute, die von
normal gewachsenen Eltern abstammen.

Bei den afrikanischen Pygmäen handelt es sich jedoch um Menschen, die durch eine grosse Reihe von Generationen zwerghaft klein sind. Die Nachricht von den Pygmäen wurde lange Zeit als Märchen betrachtet. Erst als Schweinfurt im Lande der Monbuttu eine ganze Reihe von Individuen sah, welche 1.30 m 1.40 m, höchstens 1.45 m gross waren, im Typus ganz verschieden von den grossen Negern, unter denen sie leben, erst dann kam Herodots Angabe wieder in ihr Recht. Sie wurden dann später noch von einer Reihe anderer Reisender in den sechziger und siebziger Jahren beschrieben. Emin Pascha untersuchte sie eingehend. Stanley sah sie 25 Jahre nach Schweinfurt ebenfalls und war dann in bekannter Weise der Erste, der sie entdeckte. Die Pygmäen, die heute nur isolirt vorkommen, in kleinen Horden oder Familien haben früher einmal mindestens die ganze Südhälfte des Afrikanischen Kontinents bewohnt. Wir finden ihre Reste an verschiedenen Stellen nördlich vom Aequator und überall südlich desselben. Wir wissen auch heute, dass sie nahe verwandt mit den Buschmännern sind. Nirgendskönnen wir sie besser studieren als in der Kalahari. Aber gerade hier sind die Untersuchungen sehr spärlich. Farini durchquerte sie bekanntlich, hielt auch der Berliner geographischen Gesellschaft einen grossen Vortrag über seine Reise. Dass Farini diese Reise nur infolge seiner glänzenden Phantasie zustande gebracht hatte, stellte sich leider zu spät heraus.

Es ist schwierig, in die Kalahari einzudringen, wegen des Wassermangels. Nur die Buschmänner sind im Stande, hier und da grössere Vorstösse zu machen. Früher haben die Buschleute schöne Gebiete bewohnt, aus denen sie durch die Neger verdrängt wurden. Einzelne der neuesten Afrikareisenden schreiben von älteren und jüngeren Bantus, und sie behaupten, die grossen Bantustämme seien im Süden zuhause gewesen und wanderten jetzt nach Norden.

Diese falsche Vorstellung beruht darauf, dass wir allerdings gegenwärtig eine Reihe grosser Bantustämme haben, die in einer nordwärts gerichteten Wanderung begriffen sind, aber das ist nur eine rückläufige Bewegung. In diesen sterilen Gebieten kann sich nie eine Rasse entwickelt haben wie die Bantu. Die Bantu entwickelten sich jedenfalls beim Nyassa See, zogen von da nach Süden und vielleicht erst vor 3—400 Jahren fingen sie an, die Pygmäen zu verdrängen und teilweise auszurotten und als sie auch da keinen Platz mehr hatten, entwickelte sich die rückläufige Bewegung (Wahehe, Mafiti etc.). Die Buschmänner sind ethnographisch und somatisch gesondert von den Bantunegern.

Anatomisch, physisch anthropologisch, sind die Buschmänner nicht nur charakterisiert durch ihren Zwergwuchs. Sie sind niemals ganz dunkel, oft nur sehr brünett, gewöhnlich braun, die Haare sind nicht nur kraus, sondern sie zeigen die Form, die man mit dem arabischen Wort filfil (-Pfefferkorn) bezeichnet. Die Schädel sind kürzer als die der Bantu.

Nun hat sich aber natürlich der Typus nicht stets rein erhalten, so oft die grossen Neger sich mit den Pygmäen mischten, erhalten wir Individuen, die Elemente der beiden Formen in sich schliessen. So gibt es Leute, von denen man nicht weiss, ob man sie zu den Pygmäen oder zu den grossen Negern rechnen soll.

In dieser Beziehung gibt es noch eine Schwierigkeit, welche die Stellung der Hottentotten betrifft.

Neben den zerstreuten Horden oder einzelnen Individuen der Buschmänner kommen in Südafrika zahlreiche Hottentottenstämme vor. Ihre Stellung ist heute noch nicht aufgeklärt. Man hat versucht, sie als dritte Rasse vollkommen gleichberechtigt darzustellen mit den Buschmännern einerseits, und den Bantus andererseits. Sprachlich aber nähern sie sich sehr den Buschmännern, ebenso somatisch. Allerdings gibt es Hottentotten, die so gross sind wie wir, manche überragen sogar unsere Mittelgrösse, hier wäre also wohl ein Unterschied zu verzeichnen. Vielfach neigt man jetzt zu der Ansicht, die Hottentotten seien modifizierte Buschmänner, zum Teil Mischung von Buschmännern und

10

Negern, zum Teil durch Zuchtwahl unter besonders günstigen
Bedingungen aus diesen hervorgegangen. Über die Möglichkeit der Verwandtschaft der afrikanischen Pygmäen mit
solchen anderer Weltteile zu sprechen, würde hier zu weit
führen.

Bei den Bantunegern fiel zunächst die sprachliche Einheit auf. Die somatische Einheit ist vielleicht gar nicht so
absolut, wie sie auf den ersten Blick erscheint. Es macht
weiter gar keine Schwierigkeit, ost- und westafrikanische
Neger von einander zu unterscheiden, trotzdem es ganz
gut möglich ist, sich in Kisuahili mit einem Dualla zu
unterhalten, der nur seine Muttersprache spricht. Aber es
geht hier — ich will nicht sagen, w i e mit den Indogermanen — aber doch liesse sich eine Parallele ziehen. Die
grosse Einheitlichkeit der Neger ist vielleicht kranologisch
thatsächlich nicht vorhanden, aber wir können sehr wenig
Sicheres darüber behaupten. Dazu fehlt uns das Material,
das uns die Afrikaforschung in dem Stil, in welchem sie
bisher getrieben wurde, leider nicht liefern konnte.

Wirklich wissenschaftliche Abhandlungen haben
wir nur von der Ost- und Westküste, vom Innern nicht.
Afrika wird heute ziemlich oft durchmessen, aber die
Durchquerer meinen es nicht sonderlich ernsthaft. Ihr
eigentliches Streben ist mehr auf Sport und Bewunderung
gerichtet.

Es ist noch darauf hinzuweisen, dass schon Quatrefages hervorhob, die Bantuneger seien nicht, wie man
früher hervorhob, durchaus dolichocephal, sondern es gäbe
auch genug Brachycephale und Mesaticephale. Man müsse
also unter den Bantunegern 3—4 Rassen suchen. Diese
3—4 Rassen bedeuten in deutscher Übersetzung sämmtliche
möglichen Schädelformen.

Die Massais darf man nicht zu den Negern rechnen,
obwohl sie ebenfalls dunkel gefärbt sind. Sie sind eine
der dolichocephalsten Rassen, die wir kennen, haben sich
aber vielfach mit Negern gemischt. Einzelne Individuen,
Familien von Massais sitzen bis herab zum Sambesi sehr
oft als Herrscher (Wahuma, Watussu etc.)

Im Gebiet zwischen Goldküste und Niger sitzen Elemente, die sehr schwer unterzubringen sind. Die Haussas sind keine ursprünglichen Afrikaner — aber was sind sie dann? Wir können sie vielleicht anschliessen an irgendwelche Mittelmeerstämme, oder an die Guanchen auf den kanarischen Inseln. Man hat auch schon geglaubt, einen malayischen Grundstock in ihnen finden zu können. Es wäre ja nicht ausgeschlossen, dass einmal malaysche Seefahrer hierher versprengt wurden. Aber, wie gesagt, das ist alles sehr zweifelhaft.

Im Grossen und Ganzen können wir sagen, dass wir aus Afrika noch lange nicht genügend kraniologisches Material haben um irgendwie Genaueres über die Schädelformen dortselbst zu wissen. Auch über die Südsee lässt sich nicht sehr viel sagen.

Man glaubte früher, die Papuas seien stets Dolichocephal. Schellong[1] wies nach, dass sie sehr oft mesocephal seien. Bei den Polynesiern fand Spengel[2] eine sehr grosse Verschiedenheit des Längsbreitenindex. Auf der einen Seite hatte er Schädel mit einem Index von 69.2—72, also entschieden Dolichocephale. Ferner Mesocephale und dann Schädel mit einem Index bis zu 86.4 und 87.

Wir wollen hier nicht weiter auf Details eingehen, die doch nur stets das Gleiche wiederholen, da wir uns bei der Besprechung der Resultate, die nun folgen soll, auf Eurasien und Amerika beschränken wollen.

Vorher sei jedoch noch auf Tafel III. aufmerksam gemacht, die zum Vergleich die Kurven der Längenbreitenindices von Ainos und Schweden (in beiden Fällen Schädel) enthält. Die Übereinstimmung ist geradezu verblüffend, die Kurven sind nahezu parallel. Sollte man vielleicht annehmen, die Schweden seien aus Ostasien versprengte Ainos?!

---

[1] O. Schellong. Beiträge zur Anthrop. der Papuas. Zschr. für Ethnol XXIII. 1891.

[2] Spengel. Ein Beitrag zur Kenntniss der Polynesierschädel Separatabdruck aus den Mitteilungen des Mus. Godeffroy, 1876.

Ich will Alles bisher Gesagte kurz rekapitulieren:

Wenn wir überhaupt der Schädellehre das Recht einer klassificatorischen Wissenschaft zuerkennen wollen, so müssen wir doch auf alle Fälle der Schädelmessung jeden Wert absprechen, wenigstens der Schädelmessung, die jetzt betrieben wird und die um den Millimeter kämpft. Es unterlaufen derartig bedeutende andere Fehlerquellen, dass ein Messen nach dem Millimeter ganz zwecklos ist. Verdrückungen des Schädels, Austrocknen, Unsicherheit des Geschlechtes und der Provenienz — das alles sind Faktoren, die mit in Betracht gezogen werden sollten. Sehen wir aber auch von dem feinen Arbeiten ab, betrachten wir die grossen Züge der Schädellehre um ein allgemeines Bild der menschlichen Schädelformen zu erhalten, so wird auch hier das Resultat der Betrachtung sehr ungünstig für die Kraniologie ausfallen müssen. Wir finden, soweit wir es beurteilen können, bei einem und demselben Stamm oft die verschiedensten Schädelformen neben einander, und im Gegensatz dazu erhalten wir aus Messungen grundverschiedener Rassen — wie Tafel III zeigt —, bisweilen völlig gleiche Resultate.

Die ganze Frage dreht sich meist um die langen und kurzen Köpfe. Was ist aber im Grunde genommen Dolichocephalie, Brachycephalie, Mesocephalie?

Die Natur kümmert sich nicht um die Schaffung des Indices, die Indices haben erst wir konstruiert. Die Natur modificirt ihre Formen nach einem gewissen korrelativen Verhältniss.

Die Korrelation finden wir überall, wir können sie in ihren grossen Zügen verfolgen, sehr oft fehlen uns jedoch die Mittel, sie zu erkennen.

Jeder Vogelzüchter weiss, dass ein gewisses Verhältniss zwischen der Grösse des Schnabels und der Grösse der

Augen besteht etc. Wir wissen aber auch aus zahlreichen
Beobachtungen, dass beim Menschen eine Beziehung
zwischen Schädelform und Körpergrösse besteht. Grosse
Menschen haben meist lange, kleine Menschen kurze Köpfe.
Die Körpergrösse des Menschen ist aber, wenigstens im
Grossen und Ganzen, individuell sehr variabel. Sie hängt
meist ab von der Ernährung, schlechte Ernährung kann
Kümmerformen hervorbringen. Sie hängt aber auch zusammen mit vielen anderen Dingen, die uns meist
mehr oder weniger unklar sind. Die Grösse der Eltern,
die Grösse des Uterus der Mutter besonders, ist von grossem
Einfluss. Fortwährende Mischungen machen das Bild noch
unklarer, so dass wir zuletzt in einem Labyrinth sind, aus
dem wir keinen Ausweg mehr finden können.

Nehmen wir einmal ein ganz ideales Verhältniss.

Der Vater sei gross und dolichocephal, die Mutter
klein und brachycephal. Das Kind kann gross oder klein,
dolichocephal, brachycephal, mesocephal werden. Es kann
vielleicht auch klein und dolichocephal oder gross und
brachycephal sein — ich will nicht weiter in dieses Chaos
eindringen. Denken wir uns derartige Verhältnisse durch
so und so viele Generationen fortgesetzt, wo bleibt die
Reinheit der Rasse? Es finden sich aber stets wieder die
geradezu komisch wirkenden 3 Rassen: eine Dolichocephale,
eine Brachycephale und eine Mesocephale — eventuell
noch Uebergangsformen. Es erscheint gänzlich unberech-
tigt, dann auf das Vorhandensein von so vielen Rassen wie
Schädelformen zu schliessen.

Die Natur hat eine gewisse Schädelform des Menschen
geschaffen, an der sie aber nicht starr festhält, sosdern die
sie sich zu modifiziren erlaubt. Sie gestaltet sie länger
oder kürzer, jedenfalls in korrelativem Verhältniss zum
übrigen Körper. Näheres darüber wissen wir nicht.
Aber die Natur modifiziert auch z. B. die menschliche
Nase, sie modifiziert die Länge der Extremitäten etc.
Sollten wir dabei stets „Rassen“ annehmen? Wir haben
meines Erachtens kein Recht hiezu. Wenn wir aus der

grossen Zahl von Schädeln die längsten, die kürzesten und
eine mittlere Form aussondern wollen, so macht dies ja
keine Schwierigkeit, aber diese Formen bestehen nicht an
sich, selbstständig und von einander getrennt, sondern
zwischen ihnen steht eine Unzahl von Übergangsformen,
Übergangsformen für u n s. Für die Natur gibt es aber
nicht Grundformen und Übergangsformen, für die Natur
hat jede Form die gleiche Berechtigung, den gleichen
Wert. Wir können allerdings Hauptformen, feste Punkte
in das allgemeine Bild der Natur hineinlegen, aber wir
dürfen sie n u r als Orientierungsmittel f ü r u n s betrachten.
Wir fügen jedem Buch ein Inhaltsverzeichniss an, damit
wir uns darin rascher orientieren können, und gerade so
hat man auch in der Naturwissenschaft ein Inhaltsverzeichniss
geschaffen, die Systematik, die uns eine raschere Übersicht
ermöglichen soll. Aber die N a t u r weiss nichts von dieser
Systematik, und sie weiss auch nichts von Rassen. Sie hat
Menschen geschaffen, die sie in verschiedener Weise modifizierte und heute noch modifiziert. Die Natur selbst
modifiziert wohl nach starren, unabänderlichen Gesetzen,
aber auch die Menschheit modifiziert sich selbst durch
stetiges Mischen, ohne auf die Naturgesetze Rücksicht zu
nehmen. Das schafft uns ein Chaos der Formen, das
niemand zu klären vermag. Man könnte heute schon eingesehen haben, dass alle Versuche, die Menschheit kraniologisch zu klassifizieren, scheitern müssen. Eine Hypothese
drängt die andere, aber keine kann mehr Recht als die andere
für sich beanspruchen, keine vermag zu erschöpfen und
zu überzeugen. Darum ist jede exakte, auf Thatsachen,
die nicht anders erklärt werden können, gestützte Forschung,
ausgeschlossen und die modernen Kraniologen führen uns
nur in das weite Reich der blühendsten Phantasie.

Viele ernste, ehrliche Arbeit wurde schon auf die
aussichtslose rassenvergleichende Kraniologie verwandt.
Wenn sie auch keine exakten Resultate erzielen kann und
wird, wenn sie auch ihr Ziel, das sie sich steckte, nicht

erreichen kann, da eben dieses Ziel unerreichbar bleibt, so ist sie doch nicht umsonst gethan.

Sie hat eine bedeutende Vertiefung unserer Kenntniss des Menschen bewirkt, sie hat neue weite Gesichtspunkte eröffnet, sie hat uns die lange ersehnte Wissenschaft vom Menschen gebracht.

Aber es ist Zeit, dass sie sich erhebt über die fruchtlosen systematischen Versuche, dass sie andere Wege, andere Methoden der Forschung einschlägt. Sie soll auch praktisch beherzigen, was theoretisch längst klar ist: Dass auch bei der Menschheit wie überall in der Welt das alte Wort des Ephesiers seine Geltung hat: „Alles fliesst".

Lebenslauf.

Verfasser vorliegender Arbeit, Hans Ludwig Wohlbold, protest. Konfession, wurde am 6. Februar 1877 zu Nürnberg geboren als der Sohn des Oberlithographen Balthasar Wohlbold und dessen Ehefrau Christine, geb. Bickel. Er besuchte das humanistische, hierauf das Realgymnasium in Nürnberg, das er im Jahre 1895 absolvirte. Hierauf bezog er die Universität Erlangen, um Naturwissenschaften zu studieren. Er widmete sich zunächst hauptsächlich dem Studium der Geographie unter Leitung des Herrn Prof. Pechuel Loesche, sowie der Zoologie unter Leitung des Herrn Prof. Fleischmann. Im Sommersemester 1897 begab er sich nach Berlin, wo er sich 2 Semester lang unter der Leitung des Herrn Prof. v. Luschan hauptsächlich mit dem Studium der Anthropologie und Ethnologie befasste. Nebenher ging auch hier das Studium der allgemeinen Naturwissenschaften. Im Sommersemester 1898 kehrte er nach Erlangen zurück.

Seinen hochverehrten Lehrern erlaubt sich Verfasser an dieser Stelle seinen wärmsten Dank für ihr freundliches Entgegenkommen und die liebenswürdige Förderung seiner Studien auszusprechen.

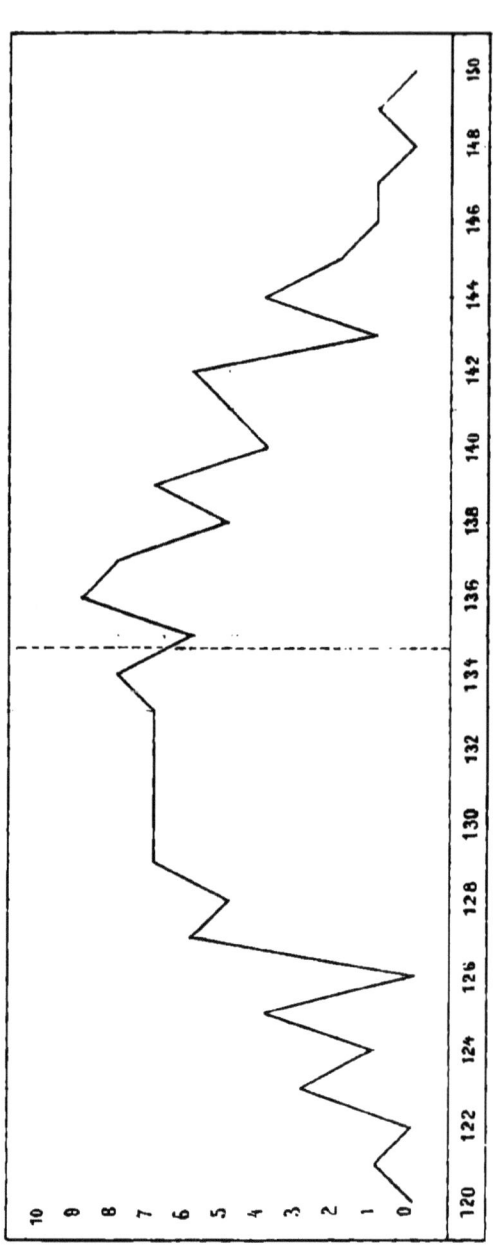

Kurve der Jochbreite der Ainos.

Koganeis Mittelzahl.

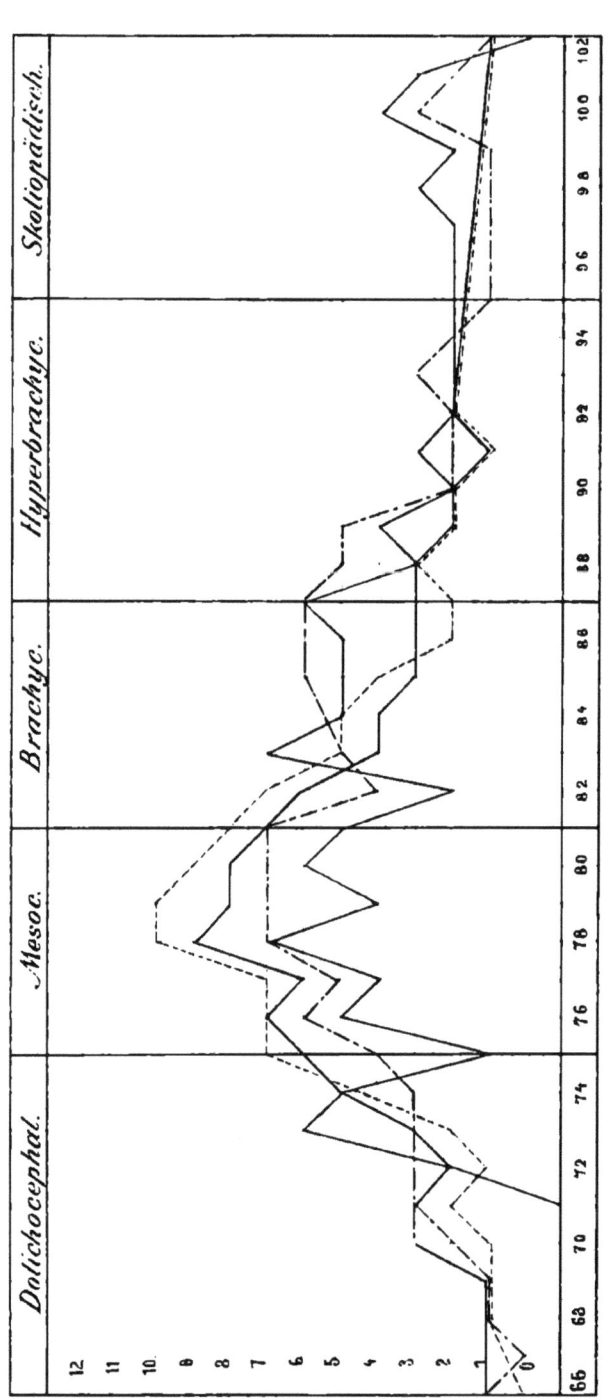

Taf. II.

Schädelformen der Amerikaner.

Dolichocephal. — Mesoc. — Brachyc. — Hyperbrachyc. — Skoliopädisch.

—— Autochtonen des amerik. Kontinentes.   —·—·— Central- und Südamerikaner.

---- Indianer Nordamerikas.   —— Praecolumbische Völker

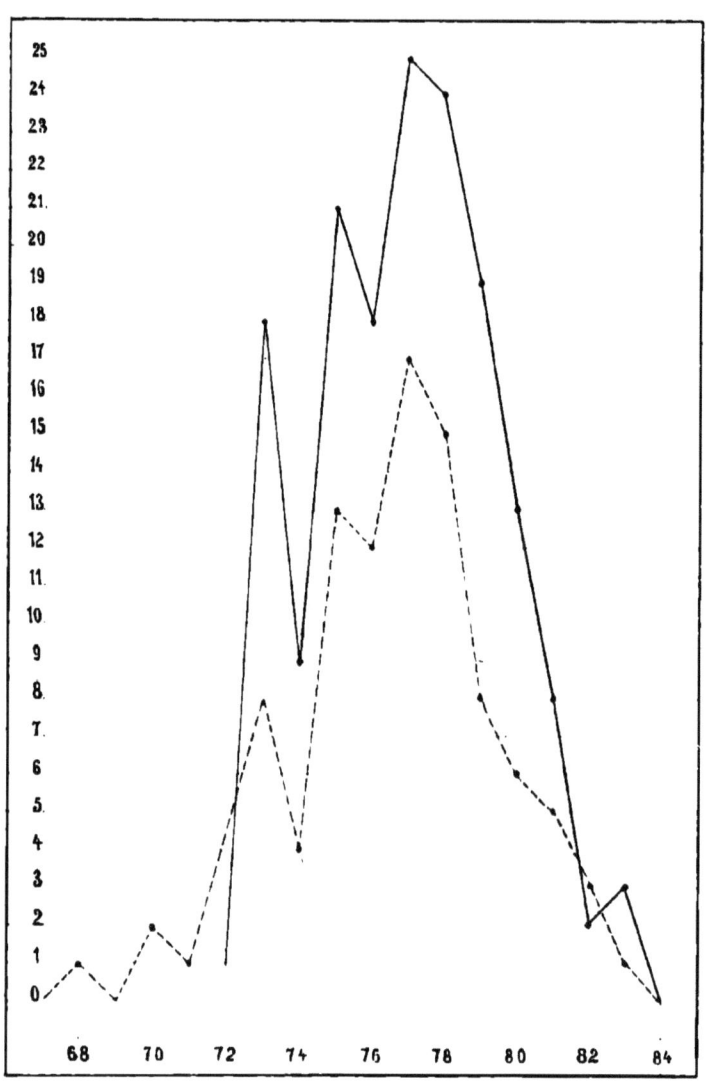

————— Kurve des L.B. Index der Ainos (nach Koganeï)

- - - - - Kurve des L.B. Index von Schweden (v. Düben)